AF281851

BORJA DE LEÓN (ur.)

NEKAJ VELIKEGA IN NAJ BO TO LJUBEZEN

KRŠČANSKI POKLIC: SREČANJE, ODGOVOR, ZVESTOBA

opusdei.org

KAZALO

Predgovor

Evangelij je poln osebnih srečanj z Jezusom: Janez in Andrej, Peter, Matej, Marta, Marija in Lazar, Nikodem, Samarijanka. Ta poročila so mnogo več kot le spomin iz preteklosti. So epizode neke zgodbe, ki ostaja odprta in je prežeta z dogajanjem, tudi v današnjem času. Čeprav se morda zdi težko, da bi mi mogli srečati Jezusa sredi naglice in raztresenosti, ki nas obkrožata in preplavljata, pa njegov klic še naprej odmeva v srcih mnogih ljudi. Zaradi njega si mladi v globini duše še vedno želijo velikih stvari. »Želijo, da se krivice končajo. Želijo, da se odpravijo neenakosti in da so vsi deležni zemeljskih dobrin. Želijo, da se zatirani osvobodijo. Želijo si velikih stvari. Želijo si dobrih stvari.«[1] Zato kristjani, tako kot prej, tudi v 21. stoletju oznanjamo, da je Bogu zelo mar za nas: da hoče našo srečo in računa na nas, da bi njegovo ljubezen naredili za silo, ki premika svet.

---

[1] Benedikt XVI., Govor, 25. 4. 2005.

»Kdo sem jaz?« je pomembno vprašanje. Toda veliko pomembnejše, nam pravi papež Frančišek, je tisto drugo vprašanje: »Za koga sem jaz?«[2] Naša istovetnost je zakoreninjena v tem, kar smo prejeli, vendar se oblikuje predvsem iz ljubezni, ki ji posvetimo svoje življenje. S tem ko ljubimo Boga, ko se mu pustimo ljubiti, ko to ljubezen dajemo drugim …, odkrivamo, kdo smo. Nabor v tej knjigi zbranih člankov, ki so jih napisali duhovniki, ki delajo z mladimi, želi biti v pomoč pri tem odkrivanju. Ob pogledu na prve Jezusove učence, ob nauku papeža, svetnikov, svetega Jožefmarija,[3] se lahko poglobimo v to večno resnico: Bog nas kliče; »On ima načrt za vsakega človeka: svetost.«[4]

Knjiga je sestavljena iz treh glavnih razdelkov. Prvi vsebuje tri članke, ki v širšem okviru opisujejo resničnost božjega klica in srečanja z

---

[2] Frančišek, apost. spod. *Christus vivit* (25. 3. 2019), št. 286.
[3] Nekatera najbolj znana dela svetega Jožefmarija (*Pot, Brazda, Kovačnica, Jezus prihaja mimo, Božji prijatelji, Sveti rožni venec, Križev pot, Pogovori*) so v tej knjigi citirana le z navedbo avtorja in naslova. Podatki o teh publikacijah so na voljo na spletni strani www.escrivaworks.org skupaj s celotnim besedilom v španščini in slovenščini. Kadar je naslovu dela dodana oznaka »zgodovinsko-kritična izdaja«, se to nanaša na ustrezen zvezek *Zbranih del* Jožefmarija Escrivája, izdanih pri založbi Rialp. Besedila njegovih nagovorov in pridig, ki še niso bila objavljena v *Zbranih delih*, so opremljena s podatkom, kje se nahajajo v Splošnem arhivu Prelature (AGP).
[4] Fernando Ocáriz, Zapiski s srečanja z mladimi v Argentini, 5. 8. 2018.

njim. Drugi del je obsežnejši: predstavlja različne poklicne poti in obravnava nekatere vidike razločevanja lastne poklicanosti. Tretji del pa je namenjen tistim, ki že nekaj let hodijo za Gospodom; je povabilo k hvaležnemu spominjanju in premišljevanju o lepoti življenja v hoji za Kristusom.

Sveti Jožefmarija se je spominjal, kako je pri rosnih šestnajstih letih odkril, da je srce od njega hotelo »nekaj velikega in da mora to biti ljubezen«.[5] Naj bomo tudi mi zmožni zaslutiti in na novo odkriti – kajti ljubezen je vedno mlada, vedno preseneča – *nekaj velikega in naj bo to ljubezen.*

Borja de León
Duhovnik, doktor filozofije. Deluje na področju družinske pastorale in je šolski kaplan v Madridu.

---

[5] Andrés Vázquez de Prada, *Ustanovitelj Opus Dei*, 1. knjiga, str. 91.

I

SREČANJE

»Učitelj, kje stanuješ?«

1

JEZUS NAM PRIHAJA NAPROTI

»Naslednji dan je Janez spet stal tam in še dva izmed njegovih učencev. Ozrl se je na Jezusa, ki je šel mimo, in rekel: 'Glej, Božje Jagnje!' Učenca sta slišala, kar je rekel, in odšla za Jezusom. Jezus pa se je obrnil, in ko je videl, da gresta za njim, jima je dejal: 'Kaj iščeta?' Rekla sta mu: 'Rabi (kar v prevodu pomeni učitelj), kje stanuješ?' Rekel jima je: 'Pridita in bosta videla.' Šla sta torej in videla, kje stanuje, ter ostala pri njem tisti dan. Bilo je okrog desete ure« (Jn 1,35-39). Učenca iz tega evangeljskega prizora sta drugim o dogodku gotovo pripovedovala z veliko ganjenostjo. Šlo je za najpomembnejši trenutek njunega življenja: dan, kot sta prvikrat srečala Jezusa iz Nazareta.

V resnici je srečanje s Kristusom odločilna izkušnja za vsakega kristjana. Benedikt XVI. je to odločno izpostavil ob začetku svojega pontifikata: »Na začetku kristjanovega bitja ni neka etična odločitev ali velika ideja, ampak srečanje z nekim dogodkom, z neko Osebo, ki daje njegovemu življenju novo obzorje in s tem njegovo odločilno usmeritev.«[1] Nadvse pomenljivo je dejstvo, da nas je tudi papež Frančišek želel spomniti na to že na začetku: »Vabim vsakega kristjana, kjerkoli že je, naj še danes obnovi svoje osebno srečanje z Jezusom Kristusom, ali se vsaj odloči za srečanje z njim in ga vsak dan nenehno išče.«[2] Na teh straneh se želimo odzvati na to povabilo, tako da sledimo stopinjam najmlajšega izmed apostolov, svetega Janeza.

Kdo je Jezus Kristus zame? Kdo sem jaz za Jezusa?

Četrti evangelij z lepo mislijo povzame istovetnost mladega Janeza: bil je »učenec, ki ga je Jezus ljubil«. S tem je bilo v resnici povedano vse: Janez je bil nekdo, ki ga je imel Jezus rad. To prepričanje v njem tudi po mnogih letih ni ugasnilo, temveč je postalo še močnejše: »Ljubezen je v tem – ne v tem, da bi bili mi vzljubili Boga. On nas je vzljubil« (1 Jn 4,10).

---

[1] Benedikt XVI., okr. *Deus Caritas est* (25. 1. 2005), št. 1.
[2] Frančišek, apost. spod. *Evangelii gaudium* (24. 11. 2013), št. 3.

Brez dvoma je bila gotovost o Gospodovi ljubezni do njega tisto, zaradi česar je lahko vse do konca svojih dni ohranil globoko in nalezljivo veselje, prav takšno, kot veje iz njegovega evangelija. Vse se je začelo tistega dne na obrežju reke Jordan.

In mi, smo kdaj doživeli tako globoko srečanje, kot ga je Janez? Tudi če smo kristjani že mnogo let in že vse življenje molimo, je dobro, da se za trenutek ustavimo in pomislimo: »Kdo je Jezus Kristus zame? Kaj predstavlja Jezus v mojem dejanskem življenju, danes in zdaj?« S pomočjo tega razmisleka lahko ocenimo, kakšna je naša vera. »Ampak pred tem vprašanjem je še neko drugo, na neki način pomembnejše, neločljivo in predhodno [...] vprašanje: Kdo sem jaz za Jezusa Kristusa?«[3]

Ni nenavadno, če smo ob teh vprašanjih nekoliko zmedeni: Kdo sem jaz za Jezusa Kristusa? Kdo sem jaz? Ustvarjeno bitjece? Posledica evolucije? Zgolj še en človek več ..., ki mora izpolnjevati svoje dolžnosti? Kako name gleda Jezus? K osvetlitvi tega razmišljanja lahko pripomore, če se ozremo k svetnikom. Ko so nekoč podobno vprašanje zastavili sv. Janezu

---

[3] Fernando Ocáriz, Zapiski z družinskega srečanja, v: *Obras*, IV-2017, str. 50 (AGP, *Biblioteca*, P03).

Pavlu II., je odgovoril: »Poglej, ti si božja mi-
sel, ti si utrip božjega srca. Ta trditev je, kakor
bi rekel, da imaš v nekem smislu neskončno
vrednost, da v božjih očeh šteje tvoja nepo-
novljiva edinstvenost.«[4] Tako kot vsi svetniki
je tudi on odkril, kako zelo smo mi za Boga
pomembni. Nismo zgolj ustvarjena bitje-
ca, služabniki, ki bi bili na svetu kar tako in
bi morali zgolj delati, kar bi Bog hotel. Smo
njegovi resnični prijatelji. Vse, kar je naše, je
zanj pomembno in zato za nas skrbi ter nas
spremlja skozi vse življenje, četudi včasih tega
ne zaznamo.

Vse to ni pretiravanje. Jezus sam je rekel
svojim apostolom: »Nihče nima večje ljubez-
ni, kakor je ta, da dá življenje za svoje prijate-
lje. Vi ste *moji prijatelji* [...], vas sem imeno-
val *prijatelje*, ker sem vam razodel vse, kar sem
slišal od svojega Očeta« (Jn 15,13-15). To so
aktualne besede: Jezus »živi in to sedaj pravi
tudi vam. Poslušajte njegov glas in bodite zelo
pozorni; vsakomur od vas ima kaj povedati.«[5]
Kdo sem torej jaz za Jezusa Kristusa? Sem
prijatelj, katerega ima rad z vso ljubeznijo;
sem utrip njegovega srca. Takšen sem jaz v

---

[4] Sv. Janez Pavel II., Govor na srečanju z mladimi v Kazahstanu, 23. 9. 2001.
[5] Benedikt XVI., Avdienca, 2. 8. 2006.

Njegovih očeh. »Če ti uspe s srcem ceniti lepoto tega oznanila in če dovoliš Gospodu, da te najde; če mu pustiš, da te ljubi in odreši; če skleneš prijateljstvo z Njim in se začneš pogovarjati z živim Kristusom o konkretnih stvareh tvojega življenja, bo to velika izkušnja, temeljna izkušnja, ki bo podpirala tvoje krščansko življenje. To je tudi izkušnja, ki jo boš lahko sporočal drugim mladim.«[6]

Da bi iskal Kristusa!

29. maja 1933 je neki mladi študent arhitekture prvič prišel na pogovor s sv. Jožefmarijem. Ime mu je bilo Ricardo Fernández Vallespín. Mnogo let pozneje se je spominjal: »Oče mi je spregovoril o stvareh v zvezi z dušo … Dal mi je nekaj nasvetov, me spodbujal, da bi bil boljši … Živo se spominjam, kako je oče, preden sva se poslovila, stopil h knjižni polici, prinesel neko knjigo, ki jo je tudi sam uporabljal, ter na prvo stran kot posvetilo zapisal naslednje besede: 'Da bi iskal Kristusa. Da bi našel Kristusa. Da bi ljubil Kristusa.'«[7] Ob tistem srečanju je tudi sv. Jožefmarija hotel na prvo mesto

---

[6] Frančišek, apost. spod. *Christus Vivit* (25. 3. 2019), št. 129.
[7] Sv. Jožefmarija, *Pot*, zgodovinsko-kritična izdaja, opomba k točki 382.

postaviti najpomembnejše: osebno srečanje z Gospodom.

Apostol Janez je začel Jezusa iskati, ne da bi natančno vedel, koga je iskal. Vedel pa je, da išče nekaj, kar bi napolnilo njegovo srce. Čutil je žejo po uresničenem življenju. Ni se mu zdelo dovolj živeti zato, da bi delal, služil denar in počel isto kot vsi drugi …, ne da bi videl onkraj obzorja svoje majhne dežele. Njegovo srce je bilo nemirno in ta nemir je hotel potešiti. Zato se je pridružil Krstniku. In ravno ko je bil pri njem, je mimo prišel Jezus. Janez Krstnik mu je namignil: »Glej, Božje Jagnje!« On in njegov prijatelj Andrej »sta slišala, kar je rekel, in odšla za Jezusom« (Jn 1,36-37).

Kaj pa lahko mi storimo, da bi sledili korakom mladega apostola? Na prvem mestu lahko poslušamo svoje nemirno srce; ga upoštevamo, ko pokaže svojo nepotešenost, ko mu ni dovolj *posvetno* življenje, ko si želi nekaj več od zemeljskih stvari in zadovoljstva. In lahko se približamo Jezusu. Morda je bilo v našem primeru v bistvu precej lažje kot v Janezovem. Morda so nam že mnogi ljudje pokazali, kje je Jezus: že v »otroštvu [smo se] čisto naravno naučili klicati Boga. Kasneje so nam na tisoče načinov učitelji, sošolci in znanci pomagali, da nismo izgubili izpred oči Jezusa Kristusa.«[8] In tudi sedaj ga lahko iščemo: »Hrepeneče ga iščite, iščite ga v vas samih z vsemi vašimi močmi. Če se boste tako trudili, si upam trditi, da ste ga že našli in ste že vstopili v oseben odnos z njim, ga ljubite in ste začeli vaš pogovor v nebesih.«[9]

Da bi našel Kristusa!

Ko sta Janez in Andrej začela hoditi za Jezusom, sta se najbrž znašla v nekoliko kočljivem položaju. Podala sta se na pot za tem človekom – ampak kako naj ga ogovorita? Ni namreč ravno običajno, če nekoga ustaviš in ga vprašaš: »Si ti Božje Jagnje?« In vendar jima je to rekel Krstnik in v bistvu je bilo to vse, kar sta vedela o Njem … Morda sta skupaj preudarjala, kaj naj storita, ko jima je Jezus sam, »ko je videl, da gresta za njim, dejal: Kaj iščeta?« (Jn 1,38).

Gospod je ganjen ob mladih in nemirnih srcih. Zato nam On sam, kadar ga iskreno iščemo, stopi naproti na najbolj nepričakovan

---

[8] Sv. Jožefmarija, *Jezus prihaja mimo*, št. 1.
[9] Sv. Jožefmarija, *Božji prijatelji*, št. 300.

način. Sveti Jožefmarija se je vse življenje spominjal svojega prvega *osebnega* in nepričakovanega srečanja z Jezusom. Takrat je bil še mladenič, čigar srce je prekipevalo od načrtov in idealov. Ko je nekoč ulice njegovega mesta prekrila debela snežna odeja, je stopil iz hiše. Kmalu zatem je presenečen odkril odtise bosih nog v snegu. Spoznal je, da je sledi za seboj pustil neki menih na poti proti svojemu samostanu. To je nanj napravilo globok vtis. »Če drugi opravljajo tolikšne žrtve za Boga in za bližnjega – ali mu ne bi mogel tudi jaz česa izročiti?«[10]

Tistega dne je mladi Jožefmarija tako kot Janez in Andrej šel za Gospodom, ki je tokrat svojo navzočnost pokazal s pomočjo *stopinj v snegu*. Morda so še mnogi drugi ljudje videli iste sledi, toda za tistega fanta so bile neizpodbitno znamenje, da je Jezus hotel vstopiti v njegovo življenje. Njegov odziv je bil nato precej podoben odzivu tistih prvih Jezusovih prijateljev: »Rekla sta mu: Rabi (kar v prevodu pomeni učitelj), kje stanuješ? Rekel jima je: Pridita in bosta videla. Šla sta torej in videla, kje stanuje, ter ostala pri njem tisti dan. Bilo je okrog desete ure« (Jn 1,38-39).

---

[10] Andrés Vázquez de Prada, *Ustanovitelj Opus Dei*, 1. knjiga, str. 90.

Odkritje, da nas nekdo ljubi, v nas prebudi neznansko željo po tem, da bi ga spoznali. Ko se zavemo, da smo za nekoga pomembni, da nas nekdo pričakuje in da ima odgovor na naša najgloblja hrepenenja, nas to spodbudi, da ga začnemo iskati. S pomočjo tistih stopinj je Bog svetega Jožefmarija hotel privesti do spoznanja, da je »v sebi že nosil božji nemir, ki je prenovil njegovo notranjost z globljim življenjem pobožnosti«.[11]

Iskati Jezusa in ga najti je zgolj začetek. Od tega trenutka se lahko začnemo k njemu obračati kot k prijatelju. Poskusili ga bomo bolje spoznati tako, da beremo evangelij, da se poglobimo v sveto mašo, da uživamo v njegovi bližini pri obhajilu, da mu strežemo v tistih, ki ga najbolj potrebujejo. In skušali mu bomo razodeti svoje srce, s svojim Prijateljem bomo delili svoje radosti in bridkosti, svoje načrte in neuspehe. Kajti vse to je navsezadnje molitev: »prijateljsko srečevanje in zaupen pogovor z njim, za katerega vemo, da nas ljubi«[12] – tako kot sta ravnala Janez in Andrej, ki sta ves tisti dan preživela z Jezusom.

---

[11] Prav tam, str. 91.
[12] Sv. Terezija Avilska, *Lastni življenjepis*, 8, 5.

Da bi ljubil Kristusa!

Tistega dne, ko je mladi Janez srečal Jezusa, se je njegovo življenje spremenilo. Gotovo je imel pred seboj še dolgo pot: od čudežnega ribolova do potovanj z Jezusom po Palestini; od čudežev do poslušanja njegove besede, ki je srce navdajala z veseljem, in do njegovih ljubeznivosti do bolnih, ubogih in preziranih … Predvsem pa so bili ključni tisti trenutki pogovora na samem z Učiteljem. Dialog, ki se je začel nekega popoldneva ob reki Jordan, bo trajal vse življenje.

Vsi iz izkušnje vemo, v kolikšni meri nas neko prijateljstvo lahko spremeni. Zato je razumljivo, da so starši pozorni na to, s katerimi prijatelji se družijo njihovi otroci. Ne da bi se zavedali, nas stik z našimi prijatelji preoblikuje do te mere, da si naposled želimo isto kot oni in zavračamo iste stvari. Prijateljstvo nas tako poveže, da bi lahko rekli, da si prijatelja delita »eno sámo dušo, ki podpira dve telesi«.[13]

V tem pogledu zelo izstopa preobrazba mladega apostola. Njega in njegovega brata Jakoba so imenovali »Sinova groma« (Mr 3,17) in sodeč po nekaterih podrobnostih, ki

---

[13] Sv. Gregor Nazianški, Govor 43.

so zapisane v evangelijih, ta vzdevek ni bil pretiran. Na primer takrat, ko so Samarijani Jezusu in njegovim učencem odrekli prenočišče ter sta se brata obrnila na Učitelja z vprašanjem: »Gospod, ali hočeš, da rečeva, naj pade ogenj z neba in jih pokonča?« (Lk 9,54). Kljub temu sta se sčasoma, ravno zaradi naraščajočega prijateljstva do Njega, naučila ljubiti kot Jezus, razumeti druge kot Jezus, odpuščati kot Jezus.

Enako se lahko zgodi vsakomur od nas: srečanje z Jezusom in druženje z Njim nas spodbudi, da si želimo ljubiti, kakor ljubi On. Naj nas ne preseneti, če se ta želja polasti našega srca: pustimo, da se napolni s hvaležnostjo, ker Gospod hoče uporabiti nas, da bi njegova ljubezen postala navzoča na svetu. Tako se je zgodilo svetemu Jožefmariju. Tiste stopinje v snegu so mu dale globoko gotovost, da ima na tem svetu neko poslanstvo: »Začel sem slutiti Ljubezen, se zavedati, da srce od mene hoče nekaj velikega in da mora to biti ljubezen.«[14] Odkrijmo v teh klicih srca tudi mi odmev Jezusovega glasu, ki ga velikokrat slišimo pri branju evangelija: »Hôdi za menoj!«

---

[14] Andrés Vázquez de Prada, *Ustanovitelj Opus Dei*, 1. knjiga, str. 91.

Živeti z Jezusom vse naše življenje

Ko se je Janez ozrl nazaj, ne bi za nič na svetu zamenjal tiste priložnosti, ki mu je bila dana, da je šel za Jezusom. Na tak način deluje Bog v vsakem človeku: »Velikodušna ljubezen do Jezusa nagiblje k velikim delom in spodbuja vedno popolnejše želje. Ljubezen hrepeni kvišku in noče, da bi jo zadrževala kaka nizka stvar.«[15] Janezu se je zgodilo podobno kot Petru, Jakobu, Pavlu …, Bartimaju, Mariji Magdaleni in še mnogim drugim, odkar je Jezus prišel na svet. Gospodova navzočnost danes ni manj resnična, kot je bila takrat. Nasprotno, Jezus je še bolj navzoč, ker lahko živi v vsakem izmed nas. Bolj kot to, da bi nas povabil k udeležbi pri poslanstvu, ki ga je On prejel od svojega Očeta, želi Jezus *ljubiti preko našega življenja*, iz notranjosti vsakogar izmed nas: »Ostanite v moji ljubezni« (Jn 15,9), nam pravi, da bi ta svet spravil s seboj, da bi sovraštvo zamenjal z ljubeznijo, sebičnost s služenjem, maščevanje z odpuščanjem.

Mladi apostol, ki je odkril Gospodovo ljubezen, ga je spremljal ob križu. Pozneje je skupaj z drugimi apostoli prejel poslanstvo, ki je

---

[15] Tomaž Kempčan, *Hoja za Kristusom*, 3. knjiga, 5. poglavje.

dalo obliko vsemu njegovemu življenju: »Pojdite po vsem svetu in oznanite evangelij vsemu stvarstvu!« (Mr 16,15). Tudi mi, če poslušamo svoje nemirno srce in iščemo Jezusa, če ga najdemo in mu sledimo, če smo njegovi prijatelji, bomo odkrili, da On računa na nas. Predlagal nam bo, naj mu vsak na svoj način pomaga v Cerkvi. Kot prijatelj – ravno zato, ker nas ima rad – nas vabi, da se pridružimo navdušujočemu projektu. »Jezus, ki je pot, danes kliče tebe, tebe, tebe, da pustiš svojo sled v zgodovini. On, ki je življenje, te vabi, da za seboj pustiš sled, ki bo z življenjem napolnila tvojo zgodbo in zgodbo mnogih drugih. On, ki je resnica, te vabi, da zapustiš poti razhajanja, razdeljenosti in nesmisla. Si upaš?«[16]

---

[16] Frančišek, Molitveno bedenje z mladimi, 30. 7. 2016.

2

Kar bi lahko bilo tvoje življenje

Mezopotamija je dežela, kjer so se rodile in tudi izginile nekatere izmed najstarodavnejših svetovnih civilizacij: Sumerci, Akadci, Babilonci, Kaldejci ... V šoli smo se morda učili o kateri od njih, vendar se nam to lahko zdijo oddaljene kulture, ki z nami nimajo kakšne posebne zveze. In vendar je s tega območja izšel nekdo, ki je del naše družine. Ime mu je bilo Abram – dokler ni Bog njegovega imena spremenil v Abraham. Sveto pismo ga umešča v čas okrog 1850 let pred prihodom Jezusa Kristusa na zemljo. Štiri tisoč let pozneje se ga še vedno spominjamo, ko ga pri sveti maši imenujemo »našega očeta«[1] v veri: z njim se je začela naša družina.

---

[1] *Rimski misal*, Prva evharistična molitev.

Poklical sem te po imenu

Abraham je eden izmed prvih, ki so postali zgodovinske osebnosti zato, ker so odgovorili na božji klic. V njegovem primeru je šlo za prav edinstveno zahtevo: »Pojdi iz svoje dežele, iz svoje rodbine in iz hiše svojega očeta v deželo, ki ti jo bom pokazal« (1 Mz 12,1). Za njim so poleg drugih prišli Mojzes, Samuel, Elija in ostali preroki … Vsi so slišali božji glas, ki jih je na tak ali drugačen način vabil, naj »zapustijo svojo deželo« ter v njegovi družbi zaživijo novo življenje. Tako kot Abrahamu jim je Bog obljubil, da bo v njihovem življenju storil velike reči: »Iz tebe bom naredil velik narod, blagoslovil te bom in naredil tvoje ime veliko, da bo v blagoslov« (1 Mz 12,2). Poleg tega je vsakogar izmed njih poklical *po njegovem imenu*; zato so v Stari zavezi skupaj s spominom na božja dela zabeležena tudi imena tistih, ki so sodelovali z Njim. V Pismu Hebrejcem jim je posvečen navdušenja poln hvalospev (prim. Heb 11,1-40).

Ko je Bog na svet poslal svojega Sina, pa poklicani niso več zgolj slišali božjega glasu, ampak so lahko tudi videli človeško obličje: Jezusa iz Nazareta. Tudi njih je Bog pozval, naj začnejo novo življenje, naj v zgodovini za seboj pustijo neizbrisno sled. Njihova imena poznamo: Marija Magdalena, Peter, Janez, Andrej … – in tudi njih se s hvaležnostjo spominjamo.

Kaj pa potem? Lahko bi se komu zazdelo, da se je z Jezusovim vnebohodom Bog iz zgodovine umaknil. V resnici pa se njegovo delovanje ne le nadaljuje, temveč se je še povečalo. Medtem ko je v času svojega zemeljskega bivanja izbral le majhno skupino, pa je Bog v zadnjih dva tisoč letih *spremenil načrte* milijonov moških in žensk ter jim odstrl obzorja, ki si jih oni niti zamisliti ne bi mogli. Znana so nam imena mnogih izmed njih, ki jih Cerkev časti kot svetnike. Obstaja pa še ogromna množica moških in žensk »iz vseh narodov, rodov, ljudstev in jezikov« (Raz 7,9), neznanih svetnikov, ki so resnični »protagonisti zgodovine«.[2]

Danes, prav ta trenutek, Bog še naprej kliče in trka na vrata vsakega človeka. Sveti Jožefmarija je rad premišljeval besede preroka Izaija: »Poklical sem te po imenu: moj si!« (Iz 43,1). Govoril je, da so bile te besede pri njegovi meditaciji »sladke kakor med«,[3] saj je po

---

[2] Frančišek, Molitveno bedenje z mladimi, Krakov, 30. 7. 2016.

[3] Prim. sv. Jožefmarija, *Božji prijatelji*, št. 312.

njih doumeval, kako zelo ga Bog ljubi, na za-
res oseben, edinstven način.

Tudi za nas so te besede lahko *sladke kakor
med*, ker nam razodevajo, da je naše življenje
Bogu pomembno: da računa na vsakega člove-
ka in ga vabi. Sanje slehernega kristjana so, da
bi bilo njegovo ime zapisano v božjem Srcu. In
to so sanje, ki so vsakomur dosegljive.

Preštej zvezde, če jih moreš prešteti

Takšen pogled na naše življenje, kot nada-
ljevanje življenja velikih svetnikov, bi se nam
lahko zdel pretiran. Iz lastne izkušnje se na-
mreč zavedamo svoje šibkosti. Tudi Mojzes,
Jeremija in Elija so izkusili svojo slabotnost in
ni jim manjkalo težkih trenutkov.[4] Izaija je na
primer nekoč dejal sam pri sebi: »Zaman sem
se trudil, v votlo in prazno sem potratil svojo
moč« (Iz 49,4). Res je, da je življenje včasih
videti takšno, kakor nekaj brezsmiselnega ali
nezanimivega, kadar se naši načrti končajo z
brodolomom. Vprašanje »*čemu* hočem živeti«

---

[4] Prim. npr. 4 Mz 11,14-15: »Ne morem sam nositi vsega ljudstva, kajti
pretežko je zame. Če misliš tako ravnati z menoj, me raje pri priči ubij,
če sem našel milost v tvojih očeh, da mi ne bo treba več gledati svoje
nesreče!«; Jer 20,18: »Zakaj sem prišel iz materinega naročja, da okušam
trud in žalost, da moji dnevi minevajo v samoti?«; 1 Kr 19,4: »Dovolj je;
zdaj, Gospod, vzemi moje življenje, saj nisem boljši kakor moji očetje.«

se zdi kakor strel v prazno, ko se človek sreča z neuspehom, s trpljenjem in smrtjo.

Bog prav dobro pozna vso to nestabilnost in zmedo, ki ji lahko podležemo. In vendar nas prihaja iskat. Zato prerok ne ostane pri kriku tožbe ter prepozna Gospodov glas: »Postavil sem te za luč narodom, da boš moje odrešenje do konca zemlje« (Iz 49,6). Šibki smo, ampak to ni vsa resnica o našem življenju. Papež pravi: »Priznavajmo svojo krhkost in dovolimo Jezusu, da nas vzame v svoje roke in nas pošlje na delo. Čeprav smo krhki, smo nosilci zaklada, ki ustvarja iz nas velike ljudi in lahko naredi boljše in srečnejše tiste, ki ga sprejemajo.«[5]

Gospodov klic je velika božja milost, znamenje, da me ljubi, da sem zanj pomemben: »Bog računa nate zaradi tega, kar si, ne zaradi tega, kar imaš. Pred njim nič ne šteje obleka, ki jo nosiš, ali telefon, ki ga uporabljaš. Ne ozira se na to, ali se ravnaš po modi, zanj si pomemben ti, takšen, kot si.«[6] S tem ko nas Bog pokliče, nas osvobodi, ker nam omogoči, da izstopimo iz *banalnega* življenja, usmerjenega v drobna zadoščenja, ki ne zmorejo potešiti naše žeje po ljubezni. »Ko se odločimo

---

[5] Frančišek, apost. spod. *Gaudete et Exsultate* (19. 3. 2018), št. 131.
[6] Frančišek, Pridiga na svetovnem dnevu mladih, Krakov, 31. 7. 2016.

odgovoriti Gospodu: 'Moja svoboda je zate,' smo osvobojeni vseh verig, ki so nas priklepale na nepomembne reči.«[7] Bog potegne našo svobodo iz njene majhnosti, jo odpre v širno zgodovino njegove ljubezni do ljudi, v kateri smo protagonisti vsi, vsak izmed nas.

»Poklic prižge luč, s katero spoznamo pomen svojega obstoja; da se po sijaju vere prepričamo o tem, zakaj smo na svetu. Naša sedanjost, preteklost in prihodnost dobijo novo razsežnost, globino, ki je prej nismo slutili. Vsi dogodki in pripetljaji zasedajo sedaj svoje pravo mesto; razumemo, kam nas hoče Gospod voditi, in čutimo, da nas prevzema ta naloga, ki nam je zaupana.«[8] Kdor je zaslišal in sprejel božji klic, ta več ne pozna *banalnih* ali majhnih dejanj. Prav vsako je osvetljeno z obljubo: »Iz tebe bom naredil velik narod« (1 Mz 12,2) – s pomočjo tvojega življenja bom storil velike reči, za seboj boš pustil sled in boš srečen, ko boš drugim delil srečo. In »kadar nas On kaj prosi, nam v resnici ponuja dar. Nismo mi tisti, ki mu storimo uslugo; Bog je tisti, ki naše življenje razsvetli in ga napolni s smislom.«[9]

---

[7] Sv. Jožefmarija, *Božji prijatelji*, št. 38.
[8] Sv. Jožefmarija, *Jezus prihaja mimo*, št. 45.
[9] Fernando Ocáriz, *Luč, da bi videli – moč, da bi hoteli*, ABC, 18. 9. 2018.

Po drugi strani nam luč poklica daje razumeti, da se pomembnost našega življenja ne meri po *človeški* veličini načrtov, ki jih uresničujemo. Med velike osebnosti svetovne zgodovine se prištevajo le redki posamezniki. Toda *nadnaravna* veličina se meri po njihovi povezavi z edinim zares *velikim* načrtom: z načrtom odrešenja. »Na odločilne dogodke svetovne zgodovine so zagotovo vplivale duše, o katerih zgodovinske knjige ne povejo ničesar. In katere so bile tiste duše, ki jim moramo biti hvaležni za odločilne dogodke v našem osebnem življenju – to bomo izvedeli šele tistega dne, ko bo vse, kar je skritega, razodeto.«[10]

»Odrešenje se uresničuje – zdaj!«[11] Kako lahko pri tem sodelujemo? Na najrazličnejše načine; vemo, da nam bo Bog sam pošiljal razsvetljenja, da bi odkrili konkreten način za sodelovanje z Njim. »Bog hoče, da je človekova svoboda dejavna ne samo pri odgovoru, temveč tudi pri oblikovanju samega poklica.«[12] In odgovor, ki je še vedno nekaj svobodnega, prejme spodbudo po dejanski milosti Boga, ki kliče.

---

[10] Sv. Terezija Benedikta od Križa (Edith Stein), *Vida escondida y epifanía*, v: *Obras Completas V*, Burgos 2007, 637.
[11] Sv. Jožefmarija, *Križev pot*, 5. postaja, 2.
[12] Fernando Ocáriz, *La vocación al Opus Dei como vocación en la Iglesia*, v: *El Opus Dei en la Iglesia*, Rialp, 1993, str. 152.

Če se odpravimo na pot in začnemo z mesta, kjer se nahajamo, nam bo Bog pomagal videti to, kar je njegov sen za naše življenje: sen, ki *nastaja* med potjo, saj je to odvisno tudi od naše pobude in od naše ustvarjalnosti. Sveti Jožefmarija je pravil, da če sanjamo, bodo naše sanje presežene, kajti kdor sanja zares, sanja skupaj z Bogom. Takole, velikopotezno, je Bog dal sanjati Abrahamu: »Poglej proti nebu in preštej zvezde, če jih moreš prešteti!« (1 Mz 15,5).

Vedno sta potrebna dva

Bog vstopi v Abrahamovo življenje, da bi ostal z njim, da bi se na neki način povezal z njegovo prihodnostjo: »Blagoslovil bom tiste, ki te bodo blagoslavljali, in preklel tiste, ki te bodo preklinjali, in v tebi bodo blagoslovljeni vsi rodovi zemlje« (1 Mz 12,3). Njegova zgodba je zgodba o *skupnem podvigu*, zgodba o Abrahamu in Bogu, o Bogu in Abrahamu. To se uresniči do te mere, da se bo Bog drugim ljudem odtlej predstavljal kot »Bog Abrahamov«.[13]

Klic je torej predvsem v tem, da živimo z Njim. Bolj kot za uresničevanje nečesa

---

[13] Prim. 2 Mz 3,6; Mt 22,32.

posebnega gre za to, da vse delamo *z Bogom*, »vse iz ljubezni!«.[14] Prav to so doživeli prvi učenci: Jezus jih je v prvi vrsti izbral zato, »da bi bili z Njim«; šele zatem evangelist doda: »in [da] bi jih pošiljal oznanjat« (Mr 3,14). Zato tudi mi, ko zaznamo božji glas, ne smemo misliti na nekakšno *nemogočo misijo*, ki bo silno težavna in ki bi nam jo On naložil z nebesnih višav. Če gre za pristen božji klic, potem bo to povabilo, da vstopimo v njegovo življenje, v njegov načrt: klic k temu, da ostanemo v njegovi ljubezni (prim. Jn 15,8). In tako bomo, izhajajoč iz božjega Srca, iz resničnega prijateljstva z Jezusom, mogli prinašati njegovo ljubezen vsemu svetu. On hoče računati na nas … in biti z nami. Oziroma obratno: On hoče biti z nami, tako da računa na nas.

Pri tem je razumljivo, da kdor je izkusil božji klic in mu sledil, spodbuja tiste, ki ga šele začenjajo zaznavati. Namreč pogosto se zgodi, da človeka na začetku obhaja strah. To je razumljiva bojazen, ki jo povzroči stik z nečim nepričakovanim, z neznanim, s širnim obzorjem, z resničnostjo Boga, ki nas v vseh pogledih presega. Toda ta strah bo nekaj začasnega.

---

[14] Sv. Jožefmarija, *Zasebni zapiski IV*, št. 296, 22. 9. 1931.

Gre za povsem običajno človeško reakcijo, ki
nas ne sme presenetiti. Bilo bi narobe, če bi
pustili, da nas strah ohromi; pač pa se je tre-
ba z njim spoprijeti ter si upati, da o njem v
miru premislimo. Pred velikimi življenjskimi
odločitvami, pred podvigi, ki za seboj pustijo
sled, se skoraj vedno pojavi občutek strahu, ki
se nato premaga z umirjenim razmislekom; in
– res je – tudi s sunkom drznosti.

Sveti Janez Pavel II. je svoj pontifikat začel
s povabilom, ki odmeva še danes: »Na stežaj
odprite vrata Kristusu [...] Ne bojte se!«[15] Be-
nedikt XVI. je na to znova spomnil takoj po
svoji izvolitvi; omenil je, da je s temi besedami
»papež nagovarjal vse ljudi, zlasti pa mlade«.
Nato se je vprašal: »Ali ni res, da je vse nas
v nekem smislu strah – če pustimo Kristusu
popolnoma vstopiti v našo notranjost, če se
Mu popolnoma odpremo –, strah, da bi nam
On odvzel del našega življenja? Mar nas ni
strah tega, da bi se odrekli nečemu velikemu,
edinstvenemu, zaradi česar je življenje lepše?
Se mar ne izpostavljamo tveganju, da bi se
pozneje znašli v utesnjenosti in bi nam bila
odvzeta svoboda?«[16]

---

[15] Sv. Janez Pavel II., Pridiga ob začetku njegovega pontifikata, 22. 10. 1978.
[16] Benedikt XVI., Pridiga ob začetku njegovega pontifikata, 24. 5. 2005.

Nadalje pravi Benedikt XVI.: »In papež je še dejal: Ne! Kdor pusti vstopiti Kristusu, ne izgubi ničesar, ničesar – absolutno ničesar – od tega, kar življenje dela svobodno, lepo in veliko. Ne! Samo s tem prijateljstvom se odprejo vrata življenja. Samo s tem prijateljstvom se resnično odpirajo vélike možnosti človeškega bitja. Samo s tem prijateljstvom izkusimo, kar je lépo in kar nas osvobaja.«[17] In v soglasju s tem nasvetom sv. Janeza Pavla II. je zaključil: »Izhajajoč iz svoje dolgoletne življenjske izkušnje želim vsem vam, dragi mladi, povedati: Ne bojte se Kristusa! On ne odvzame ničesar in daje vse. Kdor se izroči Njemu, prejme stokratno plačilo. Da, odprite, na stežaj odprite vrata Kristusu in našli boste resnično življenje.«[18] Tudi papež Frančišek nas na to pogosto spominja: »On te prosi, da opustiš, *kar ohromi srce*, da iz sebe odstraniš stvari in napraviš prostor Njemu.«[19] Tako bomo doživeli izkušnjo vseh svetnikov: Bog ne odvzame ničesar, temveč naše srce napolni z mirom in veseljem, ki ju svet ne more dati.

Na tej poti se strah kmalu umakne in dá

---

prednost globoki hvaležnosti, ki zavlada v duši:
»Hvaležen sem našemu Gospodu Kristusu Je-
zusu, ki mi je dal moč [in me] imel za vrednega
zaupanja, čeprav sem bil prej bogokletnik, pre-
ganjalec in nasilnež. Vendar se me je usmilil«
(1 Tim 1,12-13). Dejstvo, da se božje usmi-
ljenje ne ustavlja ob naših šibkostih in grehih,
kaže na to, da vsi imamo poklicanost. On stopa
pred nas *miserando atque eligendo*, kot se glasi
škofovsko geslo papeža Frančiška. Za Boga na-
mreč izbrati nas in biti usmiljen – spregledati
našo majhnost – pomeni eno in isto.

Kakor Abraham, kakor sv. Pavel, kakor
vsi Jezusovi prijatelji se tudi mi zavedamo ne
samo tega, da nas Bog *kliče* in *spremlja*, am-
pak se tudi *zanašamo na njegovo pomoč*, trdno
prepričani, »da bo on, ki je začel v [nas] dobro
delo, to delo dokončal do dneva Kristusa Je-
zusa« (Flp 1,6). Vemo, da naše težave, četudi
so včasih resne, nimajo zadnje besede. Sveti
Jožefmarija je to ponavljal prvim vernikom
Opus Dei: »Kadar Bog, naš Gospod, načrtuje
kakšno delo v blagor duš, najprej pomisli na
ljudi, ki jih bo uporabil kot orodja … *in jim
podeli ustrezne milosti*.«[20]

---

[20] Sv. Jožefmarija, Navodilo, 19. 3. 1934, št. 48.

Božji klic je torej povabilo k zaupanju. Samo zaupanje nam omogoča živeti, ne da bi bili zasužnjeni z zanašanjem na lastno moč, na lastne talente, in bi se odprli čudoviti možnosti, da živimo tudi iz moči Drugega, iz talentov Drugega. Tako kot pri plezanju na visoke vrhove je treba zaupati tistemu, ki je pred nami in s katerim nas veže celo ista vrv. Kdor hodi spredaj, nam kaže, kam stopiti, in nam pomaga v trenutkih, ko bi nas prevzela panika ali vrtoglavica, če bi bili sami. Hodimo torej naprej kakor pri plezalnem vzponu, vendar s to razliko, da sedaj svojega zaupanja ne polagamo v koga izmed nas ali v najboljšega med prijatelji. Sedaj je naše zaupanje položeno v Boga samega, ki vedno »ostane zvest, kajti sebe ne more zatajiti« (2 Tim 2,13).

Sami si boste utirali pot

»Abram je šel, kakor mu je naročil Gospod« (1 Mz 12,4). S tem se je zanj začelo obdobje, ki ga bo zaznamovalo za vedno. Njegovo življenje so odtlej usmerjali zaporedni božji klici, ki so mu govorili: naj odpotuje iz enega kraja v drugega, naj se izogiba hudobnih ljudi, naj verjame v možnost, da bo imel sina, da ga bo zares imel … in naj bo pripravljen na to, da ga žrtvuje. Abraham je ves ta čas potreboval svojo svobodo, da bi lahko še naprej Gospodu odgovarjal »da«. Tako je tudi za življenje tistih, ki hodijo za Gospodom, značilna ne le bližina in občestvo z Bogom, ampak tudi resnična, polna in nenehna svoboda.

Pritrdilni odgovor na božji klic ne samo podeli naši svobodi novo obzorje, polni smisel – »nekaj velikega in naj bo to ljubezen«,[21] kot je dejal sv. Jožefmarija –, temveč od nas tudi zahteva, da jo nenehno udejanjamo. Ko se človek izroči Bogu, to ne pomeni, da stopi na nekakšen *tekoči trak*, ki bi ga usmerjali in vodili drugi, ki bi nas neodvisno od naše volje pripeljal do konca naših dni; ta pot ni podobna železnici, ki bi bila do potankosti začrtana in bi si jo bilo mogoče vnaprej ogledati, tako da pozneje za potnika ne bi bilo nobenega presenečenja več.

V resnici se v teku življenja srečamo z dejstvom, da zvestoba prvemu klicu od nas terja nove odločitve, včasih tudi težke. Spoznali bomo, da nas božji klic spodbuja, da bi vsak dan bolj *rasli* v svoji lastni svobodi. Da bi

---

[21] Prim. Andrés Vázquez de Prada, *Ustanovitelj Opus Dei*, 1. knjiga, str. 91.

namreč mogli leteti visoko – kar je značilno za katerokoli pot ljubezni –, morajo biti krila očiščena, brez zemeljskega blata, in človek potrebuje veliko zmožnost, da razpolaga s svojim življenjem, ki ga tolikokrat zasužnjujejo drobnarije. Rečeno na kratko: veličini božjega klica mora slediti ravno tako *velika* svoboda, razširjena z odzivom na milost in z rastjo v krepostih, ki nam omogočajo, da še bolj stvarno uresničujemo svojo lastno osebnost.

V prvih letih Dela je sv. Jožefmarija mladim, ki so se zbirali ob njem, govoril, da je vse še treba narediti, da si morajo utreti celó pot, ki naj bi jo prehodili. Tisto pot, ki jim jo je pokazal Bog in ki naj bi zaobjela ves svet, bodo naredili oni sami. »Za vas ni izhojenih poti … Preko gora jih boste utrli z lastnimi nogami.«[22] Na ta način je izrazil *odprtost*, ki je del vsakega poklica in ki jo je treba odkriti ter spodbujati.

Odgovoriti na božji klic tako danes kot takrat na neki način pomeni utreti si pot z lastnimi nogami. Bog nam nikdar ne da popolnoma izrisanega načrta. Ni ga dal Abrahamu, ni ga dal Mojzesu. Tudi apostolom ga ni dal. Preden se je dvignil v nebo, jim je samo dejal:

---

[22] *Pot*, št. 928.

»Pojdite po vsem svetu in oznanite evangelij vsemu stvarstvu!« (Mr 16,15). Kako? Kje? S katerimi sredstvi? Vse to bo polagoma postajalo jasno. Tako kot v našem primeru: pot se bo izrisovala v teku življenja in nadaljevala se bo po zaslugi čudovitega *zavezništva* med božjo milostjo in našo svobodo. Skozi vse življenje bo poklic »zgodovina *neizrekljivega dialoga med Bogom in človekom*, med božjo ljubeznijo, ki kliče, in človekovo svobodo, ki v ljubezni odgovarja Bogu«.[23] V naši zgodbi se bo naš pozorni posluh za božje navdihe prepletal z ustvarjalnostjo, da bi jih uresničili po svojih najboljših močeh.

Devica Marija, ki je s svojim »da« vzor za vse nas, nam daje zgled tudi s svojim nenehnim poslušanjem in pokorščino božji volji v teku vsega svojega življenja, ki je bilo prav tako zaznamovano s poltemo vere. »Marija je vse te besede shranila in jih premišljevala v svojem srcu« (Lk 2,19). Ob svojem Sinu je naša Mati na vsakem koraku odkrivala, kaj je Bog hotel od nje. Zato ji pravimo tudi popolna Kristusova Učenka. Njej se priporočamo, da bi bila ona tista Zvezda, ki vselej vodi naše korake.

---

[23] Sv. Janez Pavel II., apost. spod. *Pastores dabo vobis* (25. 3. 1992), št. 36.

3
Naše resnično ime

Prva knjiga Svetega pisma nam na začetku predstavi Boga Stvarnika, ki s svojo besedo iz nič prikliče stvari v bivanje: »Bodi svetloba […]. Bodi obok sredi voda […]. Zemlja naj požene zelenje, rastlinje, ki daje seme, in drevje, ki na zemlji rodi sadje […]. Zemlja naj rodi živa bitja po njihovih vrstah: živino, laznino in zveri zemlje po njihovih vrstah […]« (1 Mz 1,1-25). Ko napoči trenutek, da v bivanje pokliče človeka, pa se, prav nasprotno, zgodi nekaj drugega. Bog ga ne ustvari »po njegovi vrsti« ali po tem, kar je, temveč mu da ime: v življenje ga pokliče *osebno*, nagovarja ga s *ti*.

Če od tega trenutka v poročilu o stvarjenju preskočimo k poslednji knjigi Svetega pisma, ugotovimo nekaj presenetljivega: tisto ime, ki nam ga Bog da, ko nas ustvari, bomo znova prejeli na koncu naše zgodovine.

»Zmagovalcu,« obljublja Gospod v Knjigi razodetja, »bom dal od skrite mane. Dal mu bom tudi bel kamenček in na kamenčku bo napisano novo ime: tega ne pozna nihče, razen tistega, kdor ga prejme« (Raz 2,17). Ob rojstvu torej prejmemo ime, vendar nam bo dano še enkrat, ob koncu našega življenja na zemlji. Kako naj to razumemo? Smo pred skrivnostjo poklica; pred osebno skrivnostjo, ki se polagoma razkriva, medtem ko smo na poti proti resničnemu življenju.

Svobodna in nedokončana bitja

Vrtnici, hrastu, konju ni treba sprejeti nikakršne odločitve, da bi postali, kar so: preprosto obstajajo. Rastejo, se razvijajo in naposled izginejo. S človeško osebo pa je drugače.

Ko odraščamo, zlasti v mladostniški dobi, se začnemo zavedati, da ne moremo biti *zgolj še en človek več*. Iz nekega razloga se nam zdi, da moramo postati *nekdo*, ki je edinstven, z imenom in priimkom, drugačen, neponovljiv. Spoznavamo, da smo na svetu z namenom in da lahko s svojim življenjem ta svet napravimo boljši. Ni nam dovolj vedeti, kaj smo ali kakšno je stanje stvari, temveč čutimo, da nas nekaj spodbuja k sanjanju o tem, *kdo* hočemo biti in v kakšnem svetu si želimo živeti.

Nekateri v vsem tem vidijo naivnost, pomanjkanje realizma, kar bo prej ali pozneje treba preseči. In vendar je ta težnja k sanjanju resnično del nečesa najvišjega, kar imamo. Želja biti nekdo, z imenom in priimkom, kristjanu nakazuje na to, kakšne nas je Bog ustvaril: kot neponovljiva bitja. In temu ljubezni polnemu načrtu ustreza naša sposobnost sanjanja. On je ustvaril svet in ga prepustil rokam človeškega bitja, »da bi ga obdeloval in varoval« (1 Mz 2,15). Hotel je računati z našim delom, da bi varoval ta svet in mu dal zasijati v vsej njegovi lepoti, da bi ga ljubili »strastno«, kot je rad govoril sv. Jožefmarija.[1]

Enako ravna Bog, ko nam nakloni dar življenja: vabi nas, da razvijamo svojo osebnost in jo prepusti našim rokam. V ta namen pričakuje, da bomo uporabili svojo svobodo, svojo iniciativnost, vse svoje zmožnosti. »Bog od tebe nekaj hoče, Bog čaka tebe,« pravi papež Frančišek mladim in tudi vsem ostalim. »Vabi te, da sanjaš, želi ti pokazati, da je s tvojo pomočjo svet lahko drugačen. Res pa je, da če ti

---

[1] Prim. sv. Jožefmarija, *Brazda*, št. 290; *Božji prijatelji*, št. 206; *Strastno ljubiti svet*, v: *Pogovori*, št. 113 sl.

ne daš vsega od sebe, potem svet ne bo druga-
čen. To je izziv.«[2]

Kliče te po imenu

Simon je šel s svojim bratom Andrejem, da
bi ga spremljal in bi skupaj poslušala Krstnika.
Bila je dolga pot iz Galileje v Judejo, vendar je
bilo vredno truda. Nekaj velikega bi se moralo
vsak čas zgoditi, saj Bog že več stoletij ni poslal
nobenega preroka … in Janez se je resnično
zdel kot eden od njih. Na obrežju reke Jordan
se Andrej sreča z Jezusom in z njim v pogovoru
prebije celo popoldne. Ko se vrne k svojemu
bratu Simonu, mu reče: »Našli smo Mesija.«
In takoj zatem »ga je privedel k Jezusu« (Jn
1,41-42). Kdo ve, o čem je Simon razmišljal
po poti? Je mogoče, da bi Mesija, božji odpos-
lanec, dejansko prišel? Je bilo mogoče, da bi se
svet, v katerem so živeli, dejansko lahko spre-
menil, kot so naznanjala Pisma? Ko je prišel do
Učitelja, je ta »uprl pogled vanj in rekel: Ti si
Simon, Janezov sin. Imenoval se boš Kefa (kar
se prevaja Peter)« (Jn 1,42). Preden bi spreme-
nil svet, je moral spremeniti svoje življenje.

---

[2] Frančišek, Molitveno bedenje z mladimi na svetovnem dnevu mladih v
Krakovu, 30. 7. 2016.

Evangeliji pripovedujejo, kako je življenje Simona Petra nenehno odkrivanje Jezusove resnične istovetnosti in poslanstva, ki mu ga je zaupal. Kmalu po vrnitvi v Galilejo, po tistih dneh v Krstnikovi bližini, se Jezus prikaže ob njegovi barki in ga prosi, naj nekoliko odrine od brega, da bi lahko z barke govoril množici. Peter je moral privoliti s stisnjenimi zobmi, saj je predtem vso noč garal, vendar niso ujeli ničesar. Ko je nehal govoriti ljudem, se Jezus obrne k njemu z novo prošnjo: »Odrini na globoko in vrzite mreže za lov!« (Lk 5,4). Zdi se kakor norost: dolge ure so se mučili z ribolovom, a brez uspeha … in vsakdo tudi ve, da pri belem dnevu ribe ne grejo v mrežo … In vendar Peter uboga in vidi, kako se njegove mreže napolnijo z ribami! Kdo je ta človek, ki je stopil v njegovo barko? »Ko je Simon Peter to videl, je padel Jezusu pred noge in rekel: Pojdi od mene, Gospod, ker sem grešen človek!« (Lk 5,8). Toda Učitelj mu odgovori: »Ne boj se! Odslej boš lovil ljudi« (Lk 5,10).

Kdo je Simon? Neki ribič iz Galileje? Vsi njegovi predniki so bili ribiči. On sam je že leta opravljal ta poklic in mislil je, da je on *to*: ribič, ki se popolnoma spozna na svoje delo.

Jezus pa njegovo življenje razsvetli z nesluteno lučjo. Gospodova bližina je povzročila, da se je zavedel, kdo je on sam v resnici: grešnik. Ampak grešnik, ki ga je Bog izbral in na katerega Bog računa. Na ta božji klic sta Peter in njegov brat »potegnila čolna na kopno, pustila vse in šla za njim« (prim. Lk 5,11). Benedikt XVI. je ob neki priložnosti razmišljal o tem, kako »si Peter takrat ni mogel predstavljati, da bo nekega dne prišel v Rim in bo tukaj *ribič ljudi* za Gospoda. Sprejme ta presenetljivi klic in se pusti vključiti v to veliko pustolovščino. Je velikodušen, priznava svoje omejitve, vendar veruje v tistega, ki ga kliče, ter sledi sanjam svojega srca. Reče *da*, pogumen in velikodušen *da*, ter postane Jezusov učenec.«[3]

Pozneje bo Gospod nekoliko podrobneje opredelil poslanstvo, ki bo dalo obliko njegovemu življenju: »Ti si Peter in na tej skali bom sezidal svojo Cerkev in vrata podzemlja je ne bodo premagala« (Mt 16,18). Božji načrt za nas, njegov klic, da bi z Njim delili svoje življenje, nosi v sebi prav tolikšno moč kakor stvarjenje. Če je bil človek ustvarjen z osebnim klicem, potem ima tudi vsak osebni božji klic v nekem

---

[3] Benedikt XVI., Splošna avdienca, 17. 5. 2006.

smislu moč stvarjenja, preoblikovanja stvarnosti. To je nekaj tako radikalnega, da za nas pomeni prejeti *novo ime*, novo življenje. Kdo se danes spominja kakšnega ribiča, ki je pred dva tisoč leti živel na obrežju nekega bližnjevzhodnega jezera? In nasprotno: koliko ljudi časti Petra, apostola in »vidni temelj Cerkve«![4]

Skriti zaklad

Poslanstvo, ki nam ga Jezus ponuja, lahko spremeni naše življenje: ga napolni z lučjo. Zato je zamisel, da me Bog morda kliče, zelo privlačna. Vendar je istočasno tu še nekaj, kar nas globoko vznemirja: zdi se nam, da če ta klic obstaja, če Bog računa z nami, potem bomo izgubili svojo svobodo. Tedaj ne bomo več mogli izbrati druge poti! Mogoča bo samo tista, ki jo bo hotel On!

Razmislek o Petrovem popotovanju nam je lahko v pomoč. Ko se je odločil zapustiti, kar je imel, in hoditi za Jezusom – je mar izgubil svojo svobodo? Ali ni bila tisto najbolj svobodna in *osvobajajoča* odločitev njegovega življenja? Včasih se nam zdi, da svoboda pomeni predvsem možnost izbiranja, ne da bi nas karkoli vnaprej

---

[4] *Katekizem Katoliške cerkve*, št. 936.

določalo. Toda če je zreducirana na takšno obzorje, potem je svoboda omejena na posamične izbire, ki komajda zmorejo zasvetiti za trenutek: izbire o tem, ali želim jesti hamburger ali piščanca, igrati nogomet ali košarko, če hočem poslušati to skladbo ali katero drugo.

Obstajajo pa še drugačne vrste izbire, ki lahko naše življenje razsvetlijo s popolnoma novo lučjo, da postane bolj veselo, bolj svobodno: to so trenutki, ko zastavimo svoje življenje v celoti, ko se odločamo, kdo hočemo biti. Svoboda se tukaj pokaže v svoji resnični širini, v svoji zmožnosti *osvobajanja*. Ne nahajamo se več pred posamičnimi odločitvami, marveč pred eksistencialnimi odločitvami. Tako kot takrat, ko se nekdo odloči za poroko z neko osebo, ki jo šteje za največji zaklad na svetu. Ali takrat, ko se mlad človek odloči postati zdravnik, vedoč, da mu bo to prineslo vrsto naporov in nemajhnih odrekanj. Človek se izroči neki osebi ali se oklene nekega poslanstva tako, da se odpove vsemu drugemu. To bo gotovo pogojevalo njegove prihodnje odločitve, vendar v tem koraku ne vidi odpovedi, temveč dejstvo, da je stavil na neko ljubezen ali neki projekt, ki bo izpolnil njegovo življenje.

In tako sčasoma njegovo ime ni več samo tisto, ki ga ima po krstu: sedaj je tudi »mož ali žena od …« ali »doktor ta in ta«. Njegovo ime, njegova istovetnost dobi obliko; njegovo življenje pridobi neki smisel, neko smer.

Bog postavlja pred nas izbiro ravno takšne vrste. On nas je ustvaril in nam dal nekatere talente, neke lastnosti, zaradi katerih smo takšni ali drugačni. Pozneje nam v teku našega življenja odkrije *zaklad*, poslanstvo, ki je kakor skrito v naši notranjosti. »Nebeško kraljestvo je podobno zakladu, skritemu na njivi, ki ga je nekdo našel in spet skril. Od veselja nad njim je šel in prodal vse, kar je imel, in kupil tisto njivo« (Mt 13,44). V resnici je zaklad Jezus sam – njegova brezpogojna Ljubezen – in poslanstvo je isto, ki ga je On prejel od Očeta. Če sem ga odkril, potem mi ni treba več iskati. Lahko se ga z vsem bitjem oklenem in pustim, naj On daje obliko mojemu življenju. Kakor Peter, apostol, Skala, na kateri je utemeljena Cerkev; kakor Pavel, apostol narodov; kakor Marija, dekla Gospodova, Odrešenikova Mati.

Okleniti se te naloge – kar v resnici pomeni okleniti se Jezusa in mu slediti – vključuje to, da opustimo vse drugo. Kajti nič nas ne more tako osvoboditi kakor resnica o nas samih: *Veritas liberabit vos* (Jn 8,32). Tako bomo kakor Pavel mogli zatrditi: »Kar je bilo zame dobiček, to sem zaradi Kristusa začel imeti za izgubo. Še več, za izgubo imam vse zaradi vzvišenosti spoznanja Kristusa Jezusa, mojega Gospoda. Zaradi njega sem zavrgel vse in imam vse za smeti, da bi bil Kristus moj dobiček in da bi se znašel v njem« (Flp 3,7-9).

Morda je za nas nekoliko presenetljivo, ko odkrijemo to bližino Jezusa Kristusa, ki hoče računati z nami. Ko pa o tem v miru razmislimo, ugotovimo, da se tisto, kar od nas pričakuje, popolnoma ujema s tem, kar smo, z našimi lastnostmi in doživetji … Zdi se, da smo se *za to* rodili. Tedaj se *novo ime* pojavi kot nekaj, kar je bilo tam že prej, vse od stvarjenja sveta … Bog nas je ustvaril za to. In kljub vsemu se nam morda zdi preveč. »Ta zaklad, to poslanstvo … zame? Se je Bog prav zares ozrl *name*?«

Vključiti vse svoje talente in vrline

Bog nas ne kliče le v nekem določenem trenutku našega življenja: to počne stalno. Na enak način tudi naš odgovor traja vse življenje, v ritmu klicev, ki nas pozivajo, naj ljubimo vsak dan na nov način. »Odkar si mu rekel *da*, se s časom spreminja barva obzorja – vsak dan je lepše –, ki se blešči vedno svetleje in obsežneje. Vendar moraš še naprej govoriti *da*.«[5]

Sv. Peter je Gospodu velikokrat rekel da. Na primer tistikrat, ko so vsi, ki so hodili za Učiteljem, pohujšani odšli, potem ko so ga slišali govoriti o kruhu življenja (prim. Jn 6,60-71); ali takrat, ko je Jezus vztrajal pri tem, da mu umije noge, čeprav se mu je zdelo absurdno (prim. Jn 13,6-10). Peter je ostal ob Jezusu in še enkrat izpovedal svojo vero. Kljub vsemu pa apostol ni povsem dojel Gospodove logike. Še naprej je sanjal o Gospodovi veličastni razglasitvi, o dogodku, s katerim bi nemudoma postal mogočen, zmagovalec, zaslovel bi po vsem svetu. Več let je potreboval za spoznanje, da to ni bil božji način delovanja. Šel je skozi žalostno izkušnjo, ko je Jezusa trikrat zatajil in ga izdal. Moral je trčiti ob svojo lastno šibkost. Vendar je nazadnje razumel zato, ker ni nikdar prenehal gledati Jezusa. »Gospod je spreobrnil Petra – ki ga je trikrat zatajil – brez kakršnegakoli očitka: s pogledom ljubezni.«[6] Namreč poklic je konec koncev povabilo k temu, da

---

[5] Sv. Jožefmarija, *Brazda*, št. 32.
[6] Prav tam, št. 964.

gledamo Jezusa in pustimo, da nas On gleda, da si delimo njegovo življenje ter ga skušamo posnemati. Vse do ljubezni polne izročitve lastnega življenja.

Petrov klic je svojo dokončno obliko dobil tistega dne na obrežju Galilejskega jezera, ko se je na samem srečal z vstalim Jezusom. Takrat ga je lahko prosil odpuščanja … se spomnil, kako ga ljubi s svojimi skromnimi močmi, ter mu to znova povedal. Učitelj je odgovoril: »Pasi moje ovce,« (Jn 21,16) in nato je dodal: »Hodi za menoj« (Jn 21,19). S tem je bilo povedano vse, kajti Peter je že spoznal, da hoditi za Gospodom pomeni ljubiti vse do skrajnosti, na čudoviti poti izročitve in služenja drugim: gre za pot, ne za končno postajo. To je pot, ki jo je treba prehoditi vsak dan našega življenja, ob podpori Jezusove roke.

Polno življenje

Peter je umrl v Rimu mučeniške smrti. Izročilo umešča kraj mučeništva, kjer naj bi bil križan, na vatikanski grič. Ko je izvedel za obsodbo, je morda v mislih šel skozi vse svoje življenje. Njegova mlada leta, njegov močan in odločen značaj, delo na Galilejskem jezeru.

Srečanje z Jezusom in od tistega trenutka – koliko lepega! Radosti in bolečine. Toliko ljudi, ki so šli skozi njegovo življenje. Koliko ljubezni. Da, njegovo življenje se je zelo spremenilo. In splačalo se je.

Ko je Gospod ob reki Jordan srečal Simona, v njem ni videl že izdelanega človeka z določenimi lastnostmi. V njem je videl Petra: *Skalo*, na kateri bo zgradil svojo Cerkev. Ko pogleda nas, vidi vse, kar bomo dobrega storili v svojem življenju. Vidi naše talente, naš svet, našo zgodbo, in nam ponuja priložnost, da mu izhajajoč iz svoje majhnosti pomagamo. Ne prosi nas, da počnemo nemogoče reči, temveč da preprosto hodimo za njim.

Mi smo, kar smo, ne več ne manj, in takšni smo primerni za to, da hodimo za Gospodom in mu služimo v Cerkvi. Poklicani smo, da z Njegovo pomočjo najdemo najboljši način, kako to storiti. Vsakdo na tisti način, ki si ga je Bog zanj zamislil: »Imamo različne milostne darove, pač po milosti, ki nam je bila dana. Če ima kdo dar preroštva, naj ga uporablja v skladu z vero. Kdor ima dar služenja, naj ga uporablja za služenje. Kdor ima dar učenja, naj uči. Kdor ima dar spodbujanja, naj spodbuja. Kdor daje, naj daje širokosrčno. Kdor je predstojnik,

naj ga odlikuje vestnost. Kdor izkazuje usmi-
ljenje, naj to dela z veseljem« (Rim 12,6-8).

Peter se je odpovedal temu, da bi bil tis-
ti vase prepričani ribič iz Betsajde, in tako ga
je Bog lahko napravil za posrednika (skupaj s
Kristusom) med nebom in zemljo. Njegova
zgodba se je v teku stoletij mnogokrat pono-
vila. Vse do danes. Prvi mladi, ki so prišli v
Opus Dei, so svoje talente položili v božje roke
in obrodili sad, ki si ga sami ne bi mogli niti
zamisliti. To jim je zagotavljal sv. Jožefmarija:
»Sanjajte in vaše sanje bodo presežene!« Ali kot
je dejal papež mladim ob koncu molitvenega
bedenja: »Naj Gospod blagoslovi vaše sanje.«[7]

Jezusov klic izvabi iz vsakogar najboljše, kar
ima, da bi to položil v služenje drugim, da bi
to razvil v polnosti. To vidimo v Petru. In mi,
ki smo odkrili, kako nas On ljubi in računa
z nami, si ravno tako želimo biti pozorni na
njegov klic: danes in vsak dan svojega življe-
nja. In ko se bomo naposled srečali z Njim,
nam bo dal »bel kamenček in na kamenčku
bo napisano novo ime: tega ne pozna nihče,
razen tistega, kdor ga prejme« (Raz 2,17) –
prepoznali bomo … svoje resnično ime.

---

[7] Frančišek, Molitveno bedenje z mladimi na svetovnem dnevu mladih v Krakovu, 30. 7. 2016.

II
ODGOVOR

»Zgôdi se mi po tvoji besedi!«

4

Kako odkriti svoj poklic?

Sonce je zašlo v Judeji. K Jezusu pride neki Nikodem, nemiren mož. Išče odgovorov na vprašanja, ki se porajajo v njegovi notranjosti. Pogovor, ki se šepetaje odvija ob soju svetilke, je poln skrivnosti. Ob Nazarečanovih besedah je zmeden. Jezus ga opozori: »Veter veje, koder hoče, njegov glas slišiš, pa ne veš, od kod prihaja in kam gre. Tako je z vsakim, ki je rojen iz Duha« (Jn 3,8). Poklic, vsak poklic, je skrivnost, njegovo odkrivanje pa dar Svetega Duha.

Knjiga pregovorov pravi: »Tri reči se mi zde prečudovite, štirih ne morem dojeti: pot orla po nebu, pot kače po skalovju, pot ladje po odprtem morju in pot mladeniča z dekletom« (Prg 30,18-19). Še toliko bolj pa lahko rečemo: Le kdo bi brez božje pomoči mogel slediti delovanju milosti v duši, prepoznati njen namen ter odkriti smisel in cilj človekovega

življenja? Kdo bi brez usmerjanja po daro-
vih Svetega Duha vedel, »od kod prihaja in
kam gre« ta božanski dih v duši, ki ga pogos-
to zaznamo v obliki hrepenenj, negotovosti,
slutenj in obljub? To je nekaj, kar nas popol-
noma presega. Zato je prvo, kar potrebujemo,
da bi zaslišali svoj osebni klic, ponižnost: da
pokleknemo pred neizrekljivim, da odpremo
svoje srce delovanju Svetega Duha, ki nas vse-
lej lahko preseneti.

Pri odkrivanju lastnega poklica ali ko skuša-
mo k temu pomagati nekomu drugemu, torej
ni mogoče »ponuditi vnaprej izdelanih formul
niti togih metod ali predpisov«.[1] To bi bilo
tako, kot če bi skušali »nekako utiriti vselej iz-
virno delovanje Svetega Duha«,[2] ki veje, koder
hoče. Kardinala Ratzingerja so nekoč vprašali:
»Koliko je poti do Boga?« Njegov odgovor je
bil presenetljivo enostaven: »Toliko, kolikor je
ljudi.«[3] Zgodb o poklicanosti je toliko, kot je
ljudi na svetu. Na teh straneh bomo nakazali
nekaj najpogostejših mejnikov na poti, ki vodi
do spoznanja o poklicanosti. Tako bo te mej-
nike lažje prepoznati.

---

[1] Sv. Jožefmarija, *Pismo 6. 5. 1945*, št. 42.
[2] Prav tam.
[3] Joseph Ratzinger, *Sol zemlje*, Družina, Ljubljana 1998.

Nemir v srcu

Nikodem v svojem srcu čuti nemir. Slišal je Jezusa oznanjati in bil je ganjen. Vendar pa mu nekateri njegovi nauki vzbujajo pohujšanje. Res sicer strmi nad njegovimi čudeži, toda vznemirja ga oblast, s katero Jezus izžene trgovce iz templja, ki ga imenuje »hiša mojega Očeta« (Jn 2,16). Kdo si upa tako govoriti? Po drugi strani pa v sebi le stežka zadržuje skrivno upanje: Je to Mesija? A še vedno ga navdajajo dvomi in negotovost. Ni še naredil koraka, da bi odkrito hodil za Jezusom, vendar išče odgovore. Zato pride k njemu ponoči: »Rabi, vemo, da si prišel od Boga kot učitelj; kajti nihče ne more delati teh znamenj, ki jih ti delaš, če ni Bog z njim« (Jn 3,2). Nikodem je vznemirjen.

Enako se dogaja drugim evangeljskim likom, na primer tistemu mladeniču, ki nekega dne prihiti k Jezusu in ga vpraša: »Učitelj, kaj naj dobrega storim, da prejmem večno življenje?« (Mt 19,16). Njegovo srce je nepotešeno. Nemiren je. Meni, da je zmožen nečesa večjega. Jezus mu bo potrdil, da je njegovo iskanje utemeljeno: »Eno ti manjka …« (Mr 10,21). Lahko pomislimo tudi na apostola Andreja in Janeza. Ko Jezus vidi, da gresta za njim, ju vpraša: »Kaj iščeta?« (Jn 1,38). Vsi ti so bili *iskalci*: pričakovali so nek čudovit dogodek, ki bo spremenil njihovo življenje in iz njega napravil pustolovščino. Bili so ljudje odprtega in žejnega duha, ki je prepoln sanj, hrepenenj, želja … in je nemiren.

Nekoč je neki mladenič vprašal svetega Jožefmarija, kako se začuti poklicanost v Delo. Njegov odgovor je bil: »To ni stvar čustev, sin moj, čeprav se človek zaveda, kdaj ga Gospod kliče. Tedaj si nemiren. Neizpolnjen … Nisi zadovoljen s seboj!«[4] Pogosto se pri iskanju poklica vse začne s tem nemirom v srcu.

Ljubeča navzočnost

Toda v čem je ta nemir? Od kod prihaja? Ko evangelist Marko pripoveduje, kako se je tisti mladenič približal Gospodu, nam pove, da se je Jezus ozrl vanj in ga vzljubil (Mr 10,21). Tako ravna tudi z nami: v svoji duši na neki način zaznavamo *prisotnost* posebne ljubezni, ki nas izbere za edinstveno poslanstvo. Bog postane navzoč v našem srcu in teži k *srečanju*, k občestvu. Vendar ta cilj še ni dosežen in v tem je vzrok našega nemiru.

---

[4] Sv. Jožefmarija, Zapiski z družinskega srečanja, *Crónica*, 1974, I, str. 529.

Ta ljubeča navzočnost Boga v duši se lahko kaže na različne načine: hrepenenje po večji bližini z Gospodom; želja, da bi s svojim življenjem potešil žejo mnogih duš po Bogu; želja, da bi Cerkev, božja družina na svetu, rasla; želja po življenju, v katerem bi talenti, ki sem jih prejel, resnično obrodili sadove; sanje o tem, da bi vsepovsod drugim lajšal trpljenje; zavedanje o lastni obdarjenosti: Zakaj sem jaz prejel toliko, drugi pa tako malo?

Božji klic se lahko razodene tudi v na videz naključnih dogodkih, ki dušo notranje presunejo in za seboj pustijo sled. Ob pogledu na svoje lastno življenje je sv. Jožefmarija dejal: »Gospod me je pripravljal meni navkljub z navidezno nedolžnimi stvarmi, s pomočjo katerih je v mojo dušo vnesel tisti božanski nemir. Zato sem prav dobro razumel tisto tako človeško in tako božansko ljubezen Terezije Deteta Jezusa, ki je ganjena, ko med strani kake knjige uzre podobico, ki prikazuje ranjeno dlan Odrešenika. Tudi meni so se dogajale tovrstne reči, ki so me ganile.«[5]

Spet drugič to ljubečo navzočnost odkrijemo po ljudeh ali načinih doživljanja evangelija,

---

[5] Sv. Jožefmarija, *En diálogo con el Señor*, zgodovinsko-kritična izdaja, Rialp, Madrid 2017, str. 199.

ki so v naši duši pustili božjo sled. Čeprav nam včasih življenje spremeni en sam nepričakovan dogodek ali srečanje, je vendar precej običajno, da se naš klic oblikuje na podlagi tega, kar smo v življenju izkusili v teku let. Včasih so to določene besede iz Svetega pisma, ki dušo presunejo, se ugnezdijo in v njej milo odmevajo ter morda človeka spremljajo celó vse življenje. Tako se je na primer zgodilo sveti Tereziji iz Kalkute, da so se ji vtisnile Jezusove besede na križu: »Žejen sem« (Jn 19,28); ali pa svetemu Frančišku Ksaveriju, za katerega je bilo odločilno to vprašanje: »Kaj koristi človeku, če si ves svet pridobi, svoje življenje pa zapravi?« (Mt 16,26).

Morda pa je za ta srčni nemir najbolj značilno, da se kaže v obliki nečesa, kar bi lahko poimenovali *antipatična simpatija*. Po besedah svetega Pavla VI. se božji klic javlja kot »glas, ki je hkrati vznemirljiv in pomirjujoč, glas, ki je hkrati nežen in ukazovalen, glas, ki je hkrati nadležen in ljubeč«.[6] Klic nas privlači, obenem pa v nas zbuja odpor; spodbuja nas, naj se prepustimo ljubezni, obenem pa nas ob tveganju svobode obhaja strah: »Upiramo se temu, da bi Gospodu rekli *da*, človek hoče in hkrati noče.«[7]

---

[6] Sv. Pavel VI., Homilija, 14. 10. 1968.
[7] Sv. Jožefmarija, Zapiski z družinskega srečanja, *Crónica*, 1972, str. 460.

Povezovanje točk v molitvi

Nikodema k Jezusu prižene njegov nemir. Gospodov ljubeči lik je že prisoten v njegovem srcu: že ga je začel ljubiti, vendar čuti potrebo, da bi se z Njim tudi srečal. V pogovoru, ki sledi, mu Učitelj razkrije nova obzorja: »Resnično, povem ti: Če se kdo ne rodi iz vode in Duha, ne more priti v božje kraljestvo,« in ga povabi k novemu življenju, k novemu začetku, k rojstvu »iz vode in Duha« (Jn 3,5). Nikodem ne razume in preprosto vpraša: »Kako je to mogoče?« (prim. Jn 3,9). V teku tistega srečanja z Jezusom na štiri oči, se bo polagoma oblikoval odgovor na vprašanje, kdo je on za Jezusa in kdo naj bi bil Jezus zanj.

Da bi srčni nemir pridobil ustrezen pomen pri razločevanju poklicanosti, ga je treba tolmačiti, ovrednotiti in razlagati v molitvi, v dialogu z Bogom: »Zakaj se to zdaj dogaja, Gospod? Kaj mi hočeš povedati? Zakaj ta hrepenenja in nagnjenja v mojem srcu? Zakaj to vznemirja mene, ne pa ljudi v moji okolici? Zakaj me tako zelo ljubiš? Kako naj najbolje izkoristim te darove, ki si mi jih dal?« Le s to trajno molitveno držo lahko v dogodkih svojega življenja, v ljudeh, s katerimi smo se srečali, celo v načinu, kako se je oblikoval naš značaj s svojimi lastnostmi in težnjami, opazimo ljubečo božjo skrb, njegovo Previdnost. Zdi se, kot da je Bog ves čas naše poti postavljal točke, ki šele zdaj, ko jih v molitvi povežemo med seboj, dobivajo obliko prepoznavne risbe.

Benedikt XVI. je to pojasnil takole: »Skrivnost poklicanosti je v odnosu z Bogom, v molitvi, ki raste ravno v notranji tišini, v sposobnosti slišati, da je Bog blizu. To velja tako pred izbiro, torej v trenutku, ko se odločimo in se odpravimo na pot, kot tudi po njej, če hočemo na poti vztrajati in biti zvesti.«[8] Zato je za nekoga, ki se sprašuje o svoji poklicanosti, prva in temeljna stvar, da se v molitvi približa Jezusu in se nauči gledati na svoje življenje z njegovimi očmi. Morda se mu bo zgodilo podobno kot slepemu človeku, ki mu Jezus s slino pomaže oči: sprva vidi nejasno, ljudje se mu zdijo kot hodeča drevesa. Toda Gospodu pusti, da gre do konca, in naposled zmore jasno videti vse stvari (prim. Mr 8,22-25).

---

[8] Benedikt XVI., Srečanje z mladimi v Sulmoni, 4. 7. 2010.

Detonator

Dve leti po tistem nočnem srečanju z Jezusom se zgodi dogodek, zaradi katerega bo Nikodem obvezan, da zavzame jasno stališče in se odkrito izkaže kot Gospodov učenec. Pilat na prigovarjanje velikih duhovnikov in farizejev obsodi Jezusa iz Nazareta na smrt s križanjem. Jožef iz Arimateje pridobi dovoljenje, da vzame njegovo telo in ga pokoplje. In evangelist Janez zapiše: »Prišel pa je tudi Nikodem, tisti, ki je najprej ponoči prišel k Jezusu« (Jn 19,39). Gospodov križ, razkropitev učencev in morda zvesti zgled Jožefa iz Arimateje postavi Nikodema pred osebni izziv in ga zavezuje k odločitvi: »To počnejo drugi. Kaj pa naj z Jezusom storim jaz?«

Detonator je majhna količina razstreliva, ki ima večjo občutljivost in manjšo moč ter se sproži s pomočjo vžigalne vrvice ali električne iskre in tako povzroči eksplozijo glavne mase razstreliva, ki pa je manj občutljiva, vendar močnejša. V poteku iskanja lastne poklicanosti se pogosto pojavi dogodek, ki kot detonator učinkuje na vse oblike nemiru v srcu in jim daje natančen pomen, pokaže pot in človeka spodbudi k temu, da ji sledi. Ta detonator je lahko dogodek katerekoli vrste, njegov čustveni naboj pa more biti bolj ali manj močan. Predvsem je pomembno – enako kot velja za srčni nemir –, da ga obravnavamo in tolmačimo v molitvi.

Detonator je lahko božji vzgib v duši ali nepričakovano srečanje z nadnaravnim, kot se je zgodilo papežu Frančišku, ko je bil star kakšnih 17 let. Bil je septembrski dan in odpravljal se je ven, na zabavo s sošolci. Vendar se je odločil, da se bo poprej ustavil v svoji župnijski cerkvi. Ko je prispel tja, je naletel na duhovnika, ki ga ni poznal; navdušila ga je njegova zbranost, zato je sklenil, da se bo pri njem spovedal. »Pri tisti spovedi se mi je zgodilo nekaj nenavadnega. Ne vem, kaj je to bilo, a spremenilo mi je življenje. Rekel bi, da me je zadelo nepripravljenega,« se je spominjal pol stoletja pozneje. In tisto doživetje si je razlagal takole: »To je bilo presenečenje, začudenje ob nekem srečanju; spoznal sem, da me nekdo pričakuje. Od tega trenutka dalje je zame Bog tisti, ki ti prihaja naproti. Iščeš ga, toda On te prvi išče.«[9]

Včasih bo detonator morda zgled izročitve dobrega prijatelja: »Moj prijatelj se je izročil

[9] S. Rubin in F. Ambrogetti, *El Papa Francisco. Conversaciones con Jorge Bergoglio*, Barcelona 2013, str. 48.

Bogu, kaj pa jaz?« Ali pa prijazno prijateljsko povabilo, naj se skupaj z njim poda na pot, na primer tiste Filipove besede, namenjene Natanaelu: »pridi in poglej« (Jn 1,46). Lahko gre celo za na videz neznaten pripetljaj, ki pa je nabit s sporočilom za nekoga, ki v svojem srcu že nosi nemir. Bog zna tudi najdrobnejše reči uporabiti za to, da gane našo dušo. To se je zgodilo svetemu Jožefmariju, ko mu je na zasneženi ulici naproti prišla božja ljubezen.

Pogosto pa bolj kot za detonacijo gre za izkristaliziranje, do katerega preprosto pride v postopnem zorenju vere in ljubezni s pomočjo molitve. Polagoma, skoraj ne da bi se tega zavedal, doseže človek ob podpori božje luči moralno gotovost o svoji poklicanosti ter ob spodbudi milosti sprejme odločitev. Blaženi Janez Henrik Newman je mojstrsko opisal ta proces, ko se je spominjal svojega spreobrnjenja v katoliško vero: »Gotovost je seveda nekaj dokončnega, a dvom je razvoj, ki traja. Nisem še bil blizu gotovosti. Te gotovosti, kolikor vem, nisem imel skoraj do časa svojega sprejema v Katoliško cerkev. […] Kdo more natančno predvidevati trenutek, v katerem bo prečka tehtnice spremenila svojo lego in se bo

skodela prepričanja nagnila [...]?«[10] Ta proces
izkristaliziranja, v katerem odločenost za izro-
čitev Bogu dozoreva polagoma in brez presko-
kov, je v resnici običajno mnogo zanesljivejši
od tistega, ki ga sproži blisk zunanjega zname-
nja, ki nas zlahka zaslepi in zmede.

V vsakem primeru pa se ob tej prelomnici
ne razjasni le naš pogled, temveč se zgodi tudi
premik v naši volji, ki se nagiba k odločitvi za to
pot. Zato je sveti Jožefmarija lahko zapisal: »Če
me vprašate, kako človek zazna božji klic, kako
se tega zave, vam bom dejal, da je to nov pogled
na življenje. Kakor da bi se znotraj nas prižgala
luč; to je skrivnosten zagon.«[11] Klic je luč in
zagon. Luč v našem razumu, ki ga razsvetljuje
vera, da bi mogli razumeti svoje življenje; zagon
v našem srcu, ki ga razvnema božja ljubezen, da
bi si želeli slediti Gospodovemu povabilu, četu-
di ga spremlja tista *antipatična simpatija*, ki je
značilna za božje reči. Zato je za vsakogar zelo
na mestu prošnja, da bi prejel »ne samo luč, da
bi videl svojo pot, ampak tudi moč, da bi se
hotel zediniti z božjo voljo«.[12]

---

[10] Bl. Janez Henrik Newman, *Izpoved mojega življenja*, Kartuzija Pleterje,
1989, str. 269–270.
[11] Sv. Jožefmarija, *Pismo 9. 1. 1932*, št. 9, v: Andrés Vázquez de Prada,
Ustanovitelj Opus Dei, 1. knjiga, str. 276.
[12] Fernando Ocáriz, članek *Luč, da bi videli – moč, da bi hoteli*, 18. 9. 2018.

Pomoč duhovnega vodstva

Ne vemo, ali se je Nikodem pred ali po obisku pri Jezusu posvetoval z drugimi učenci. Morda ga je prav Jožef iz Arimateje spodbudil, naj odkrito sledi Jezusu, brez strahu pred drugimi farizeji. Na ta način bi ga pripeljal do njegovega dokončnega srečanja z Jezusom. Prav v tem je bistvo duhovnega spremljanja oziroma vodstva: da se lahko zanesemo na nasvet nekoga, ki hodi skupaj z nami; nekoga, ki si prizadeva živeti v sozvočju z Bogom, ki nas pozna in nam hoče dobro.

Res je, da je klic vedno nekaj med menoj in Bogom. Nihče ne more videti mojega poklica namesto mene. Nihče se ne more odločiti namesto mene. Bog nagovarja mene in vabi mene. Priložnost, da se svobodno odzovem, in milost, da to uresničim, naklanja … meni. Vendar mi je v teku razločevanja in odločanja v veliko pomoč izkušen vodnik, ki med drugim potrdi, da imam potrebne objektivne sposobnosti za to pot, in zagotovi pravilnost mojega namena pri odločitvi, da se izročim Bogu. Poleg tega pa, kot pravi *Katekizem*, lahko dober duhovni voditelj postane tudi učitelj molitve,[13]

---

[13] Prim. *Katekizem Katoliške cerkve*, št. 2690.

nekdo, ki nam pomaga v naši molitvi razbrati, zoriti in raztolmačiti srčni nemir, nagnjenja ter doživetja. Tudi v tem pogledu bo njegovo delo pripomoglo k razjasnitvi klica. Končno je to nekdo, ki nam bo morda nekega dne mogel reči, kot je sveti Janez dejal svetemu Petru, ko je v daljavi videl človeka, ki jih je nagovarjal z obrežja: »Gospod je« (Jn 21,7).

Kakorkoli že, razločevanje je v veliki meri osebna pot, prav tako pa tudi končna odločitev. Bog sam nas pušča svobodne. Celo po tem, ko je bil sprožen detonator. Zato se po začetnem trenutku zlahka spet pojavijo dvomi. Bog nas nenehno spremlja, vendar ostaja na določeni razdalji. Res je, da je On storil vse in bo to počel še naprej, toda zdaj hoče, da poslednji korak naredimo popolnoma svobodno, z ljubezni polno svobodo. Noče sužnjev, temveč sinove in hčere. Ne da bi se naši vesti vsiljeval, zavzame diskreten položaj, skorajda položaj »opazovalca«, bi lahko rekli. Motri nas ter potrpežljivo in ponižno čaka na našo odločitev.

* * *

»Glej, spočela boš in rodila sina, in daj mu ime Jezus« (Lk 1,31-32). V trenutku tišine, ki

je sledil oznanilu nadangela Gabriela, se je zde-
lo, da je ves svet zadržal dih. Božje sporočilo je
bilo dano. Predtem je bilo v Marijinem srcu že
več let slišati božji glas. A zdaj je Bog molčal.
In čakal. Vse je bilo odvisno od svobodnega
odgovora tega nazareškega dekleta. »Marija pa
je rekla: Glej, Gospodova služabnica sem, zgô-
di se mi po tvoji besedi!« (Lk 1,38). Nekoč bo
Marija ob vznožju križa iz Nikodemovih rok
sprejela mrtvo telo svojega Sina. Duše tega ne-
davno pridobljenega učenca se bo dotaknilo,
ko bo videl, kako Jezusova Mati sredi neizmer-
ne žalosti vnovič sprejme in vzljubi božja pota:
»Zgôdi se mi po tvoji besedi!« Le kako ne bi za
tako veliko ljubezen izročili vsega?

5

Da bi glasba zazvenela: poklicanost v Opus Dei

Ko je Jezus govoril o božjem kraljestvu, je vedel, da gre za nekaj zelo drugačnega od tega, kar so si mogli predstavljati njegovi poslušalci; nekaj zelo drugačnega tudi od tega, kar si danes predstavljamo mi. Zato je uporabljal prilike, pripovedi in prispodobe, ki namesto da bi podajale definicije, človeka vabijo, da vstopi v skrivnost. Jezus božje kraljestvo, denimo, primerja gorčičnemu zrnu, »ki je takrat, ko se vseje v zemljo, manjše od vseh semen na zemlji. Ko pa je vsejano, raste in postane večje od vseh zelišč in naredi velike veje, tako da morejo ptice neba gnezditi v njegovi senci« (Mr 4,31-32). To je drobno seme, ki je zakopano, ki izgine ljudem izpred oči in je pahnjeno v pozabo; vendar neprestano raste, medtem ko gre zgodovina svojo pot, na videz mimo njega.

Raste celo ponoči, ko zanj nihče ne skrbi, ko mu nihče ne posveča pozornosti.

Drugega oktobra 1928 je Bog svetemu Jožefmariju dal odkriti seme, ki ga je samo On lahko položil v njegovo dušo: drobno gorčično zrno, poklicano, da raste na velikem polju Cerkve. Ohranjena je neka zabeležka, narejena nekaj mesecev pozneje, ki v nekaj potezah opiše *genetski zapis* tega semena: »Navadni kristjani. Vzhajajoče testo. Naše področje je to, kar je običajno, naravno. Sredstvo: poklicno delo. Vsi sveti! Tiha izročitev.«[1] Od trenutka, ko mu je Bog dal poslanstvo, da neguje to seme, je sv. Jožefmarija živel samo še za to nalogo. Kar je bilo takrat zgolj obljuba, samo upanje, je danes košato drevo, ki sprejema mnogo duš in daje življenjski navdih številnim ljudem.

Stremeti k svetosti je normalno

Vsak svetnik je poslanstvo; je »sporočilo, da Sveti Duh prejema iz bogastva Jezusa Kristusa in daje svojemu ljudstvu«,[2] pravi papež. Sveti Jožefmarija je prejel sporočilo in ga utelesil. On sam je postal sporočilo; njegovo življenje

---

[1] *Zasebni zapiski*, št. 35, v: P. Rodríguez, F. Ocáriz, J. L. Illanes, *El Opus Dei en la Iglesia*, Rialp 1993, str. 216.
[2] Frančišek, apost. spod. *Gaudete et exsultate* (19. 3. 2018), št. 21.

in njegove besede so začele nagovarjati mnogo ljudi. »Naj tvoje življenje ne bo neplodno. – Bodi koristen. – Pusti sledi za sabo. – Razsvetljuj z lučjo svoje vere in ljubezni. […] In vžgi vse zemeljske poti s Kristusovim ognjem, ki ga nosiš v srcu.«[3]

On je ta ogenj nosil v sebi, kot je nemudoma zaznal José Luis Múzquiz, eden izmed prvih vernikov Opus Dei, ki so prejeli duhovniško posvečenje. Ko se je prvikrat srečal s sv. Jožefmarijem, mu je ta spregovoril o nečem, česar mu dotlej ni predlagal še nihče: da bi bil apostol na svojem delovnem mestu. Takoj nato je še dodal: »Ni druge ljubezni kot le Ljubezen; preostale ljubezni so majhne.« Ta preobrat je napravil globok vtis na njegovega sogovornika: »Videlo se je, da to prihaja iz globine njegove duše, iz duše, zaljubljene v Boga. Miselni okviri v moji glavi so se tedaj razblinili.«[4]

Pri zahvalni maši za beatifikacijo te zaljubljene duše je kardinal Ratzinger s svojo značilno mešanico neposrednosti in globine pojasnil: »Pomen besede *svetnik* je v teku časa doživel nevarno zožitev, ki brez dvoma odmeva še danes. Daje nam misliti na svetnike, ki

---

[3] Sv. Jožefmarija, *Pot*, št. 1.
[4] *Pot*, zgodovinsko-kritična izdaja, opomba k točki 417.

jih vidimo upodobljene na oltarjih, na čudeže in junaške kreposti ter namiguje, da je svetost namenjena nekaterim maloštevilnim izbrancem, med katere se sami ne moremo prištevati. Tedaj prepustimo svetost tem redkim posameznikom ter se preprosto zadovoljimo s tem, da ostanemo takšni, kakršni smo. Sredi te duhovne apatije je Jožefmarija Escrivá ljudi prebudil in klical: Ne, svetost ni nekaj izrednega, ampak običajnega, tisto, kar je za krščene normalno. Bistvo svetosti ni v določenih junaštvih, ki jih je nemogoče posnemati, marveč ima na tisoče oblik in se lahko uresniči kjerkoli in v katerikoli zaposlitvi. To je normalnost.«[5]

Za kristjana je torej nekaj naravnega to, da želi biti svet. Zato je sv. Jožefmarija že zelo zgodaj zapisal: »Svetniki niso bili iznakaženi ljudje, primeri, ki bi si zaslužili posebnega zdravnikovega proučevanja. Bili so in so še normalni: iz mesa, kot ti. – In so zmagali.«[6] Poklicanost v Opus Dei vključuje zavedanje o tej *normalnosti* svetosti; željo, da bi postali *izvajalci* tega preprostega sporočila, te glasbe. Obstajajo namreč *partiture*: življenje in besede svetega Jožefmarija, razglasitev vsesplošnega klica k svetosti na

---

[5] Kardinal Ratzinger, Pridiga, 19. 5. 1992, v: *Romana*, št. 14 (1992) str. 48.
[6] Sv. Jožefmarija, *Pot*, št. 133.

drugem vatikanskem koncilu,[7] nedavno uče-
nje papežev, ki ta nauk še razvija …, predvsem
pa je tu evangelij.[8] Partiture torej obstajajo;
vendar je potrebno, da glasba odmeva na vseh
koncih zemlje, v neskončni množici variacij,
ki bodo šele ugledale luč sveta: v konkretnih
življenjih mnogih kristjanov.

Tako blizu, da živimo z Njim

S tem ko je Gospod obudil Opus Dei, je
svoji Cerkvi podaril pot, duhovnost, ki je *za-
snovana* s ciljem, da se utelesi v nadvse raznoli-
kih vsakdanjih situacijah ter se zlije z delom in
običajnim življenjem najrazličnejših ljudi. To
sporočilo je predstavljeno in razdelano v šte-
vilnih spisih in homilijah svetega Jožefmarija,
v njegovih družinskih klepetih in katehetskih
potovanjih, pri tem pa neprestano odmeva
trditev, zapisana v neki misli knjige *Brazda*:
»V daljavi – tam, na obzorju – se zdi, da se
nebo združi z zemljo. Ne pozabi, da se v resni-
ci zemlja in nebo združita v tvojem srcu, srcu
božjega otroka.«[9] To se pravi: četudi poklic v

---

[7] Drugi vatikanski koncil, konst. *Lumen gentium* (21. 10. 1964), št. 40.
[8] Prim. sv. Janez Pavel II., apost. spod. *Christifideles laici* (30. 12. 1988),
št.16–17; Benedikt XVI., Avdienca, 13. 4. 2011; in v zadnjem času apost.
spod. *Gaudete et exsultate* (19. 3. 2018) papeža Frančiška.
[9] Sv. Jožefmarija, *Brazda*, št. 309.

Opus Dei človeka napolnjuje z iniciativnostjo, z željo po izboljšanju njegove okolice, pa ga v bistvu ne spodbuja k temu, da bi *delal* vedno več oziroma da bi opravljal *več* dejavnosti, kot jih vrši že sicer. Spodbuja ga predvsem k temu, da jih opravi na drugačen način, tako da *je z Bogom* pri vsem, kar počne, in skuša vse deliti z Njim. »Otroci moji, slediti Kristusu […], to je naš poklic. Slediti mu tako od blizu, da bomo živeli z Njim kakor dvanajsteri apostoli; tako od blizu, da se poistovetimo z Njim, da živimo njegovo Življenje; da bo naposled prišel trenutek, če ne bomo sami postavljali ovir, ko bomo lahko s sv. Pavlom rekli: *Ne živim več jaz, ampak Kristus živi v meni* (Gal 2,20).«[10]

Eden izmed prvih supernumerarijev se spominja, kako je bil presenečen, ko mu je ustanovitelj Dela rekel: »Bog te kliče na pot kontemplacije.« Za njega, ki je bil poročen, imel otroke in je moral trdo delati, da bi lahko vzdrževal svojo družino, je bilo to »pravo odkritje«.[11] Ob neki drugi priložnosti je sv. Jožefmarija nekomu svetoval: »Reci, reci Gospodu: Utrujen sem, Gospod, ne zmorem več.

---

[10] Sv. Jožefmarija, *En diálogo con el Señor*, Rialp, Madrid 2017, str. 101.

[11] Víctor García Hoz, *Mi encuentro con Monseñor Escrivá de Balaguer*, v: R. Serrano (ur.), *Así le vieron*, Rialp, Madrid 1992, str. 83.

Gospod, tole mi ne gre, kako bi to storil ti?«[12] Prav to je kontemplacija sredi sveta: globok in ljubeč pogled na stvarnost, ki se hrani ob božjem pogledu, v nenehnem dialogu z Njim. Sveti Jožefmarija je ta krasni izziv povzel s pomenljivim stavkom: »Kolikor bolj v notranjosti sveta se nahajamo, toliko bolj moramo biti božji.«[13] In ta bližina, to tesno prijateljstvo z Njim, je korenina, iz katere poganjata dve razsežnosti, ki sicer ne pripadata izključno poklicanosti v Delo, sta pa posebej pomembni za kristjane, ki jih Bog pokliče na to pot: klic k apostolatu in oznanjanju Kristusa ter poslanstvo, da preoblikujejo svet in ga spravijo z Bogom s pomočjo svojega dela.

Toda preden se v to poglobimo, se nam najprej zastavlja naslednje vprašanje: Če je svetost za vse ljudi, kot je sv. Jožefmarija vse življenje oznanjal in kot nas je pred nedavnim spomnil papež; če Gospod vsem kristjanom naroča, naj širijo evangelij – kaj je potem specifična značilnost poklicanosti v Opus Dei, značilnost tega odgovora na poziv k iskanju Boga sredi sveta?

---

[12] Sv. Jožefmarija, Zapiski z družinskega srečanja v šoli Tajamar, 22. 10. 1972 (navedeno v dokumentarcu *Srce dela*).
[13] Sv. Jožefmarija, *Kovačnica*, št. 740.

To je razmeroma enostavno razložiti, če upoštevamo, da različni krščanski poklici niso nič drugega kot konkretne določitve, načini oziroma poti življenja in poklica, ki ju prejmemo pri krstu. In sicer, »poklic v Opus Dei *povzema, sprejema, utirja* izročitev oziroma prepustitev Bogu in drugim, ki jo zahteva krščanska poklicanost. Edino, kar je dodano kot nekaj posebnega, je ravno *tir*, po katerem poteka ta izročitev: da se le-ta uresničuje tako, da človek postane del neke konkretne ustanove v Cerkvi (Opus Dei), ki ima določeno duhovnost ter natančno začrtana sredstva izobraževanja in apostolata.«[14] Ta sredstva so na poseben način usmerjena v služenje Bogu in drugim preko dela in normalnih, vsakdanjih reči. Rečeno še drugače: Kdor odkrije in sprejme svoj klic v Opus Dei, se odloči dati svoje življenje za druge (v tem je bistvo krščanskega življenja) ter ima pri tem na voljo pot, po kateri lahko ta cilj doseže z božjo pomočjo in ob podpori velike nadnaravne družine. Zato je pripravljen storiti, kar je v njegovi moči, da bi ta karizma napajala njegovo notranje življenje, razsvetljevala njegov razum, bogatila njegovo

---

[14] Fernando Ocáriz, *La vocación al Opus Dei como vocación en la Iglesia*, v: *El Opus Dei en la Iglesia*, Rialp, Madrid 2014, str. 169.

osebnost …, da bi mogel v svojem življenju resnično odkriti Boga in obenem to odkritje deliti z drugimi.

Božje razsvetljenje, ki je prišlo na svet 2. oktobra 1928, in še druga nadaljnja razsvetljenja so svetemu Jožefmariju dala spoznanje, da mora vse svoje življenje posvetiti nekemu poslanstvu ter med navadnimi kristjani – moškimi in ženskami, ki živijo sredi sveta in se ukvarjajo z najrazličnejšimi dejavnostmi – širiti zavedanje o tem, da so vsi poklicani k svetosti in apostolatu. In to naj uresniči tako, da vzpostavi neko ustanovo, Opus Dei, sestavljeno iz običajnih kristjanov, ki bodo sprejeli božji klic in vzeli to za svoj ideal; s svojim lastnim življenjem bodo pričevali ne samo o veličini tega ideala, temveč tudi o možnosti, da ga ob pomoči božje milosti uresničujejo z dejanji, čeprav se bodo obenem zavedali svojih omejitev.

Vsi, ki imajo veliko srce

Na poti od Betanije do Jeruzalema Jezus postane lačen. Ko skuša najti kaj za pod zob, se približa neki smokvi (Mt 21,18). »Približuje se tebi in približuje se meni. Jezus, ki ga navdajata lakota in žeja po dušah. S križa je zaklical:

Sitio! Žejen sem. Žejen je nas, naše ljubezni, naših duš in vseh duš, ki jih moramo voditi k Njemu po poti križa, ki je pot nesmrtnosti in nebeške slave.«[15]

Poklicanost v Opus Dei pomeni, da se človek močno *naleze* te božje žeje in lakote. Ko si je sv. Jožefmarija prizadeval spraviti v pogon prvi študentski dom v Delu, so ga nekateri svarili, češ naj se ne prenagli. Na neki duhovni obnovi je zapisal: »Naglica. To ni naglica. Priganja nas Jezus.«[16] Kakor svetega Pavla ga je priganjala Kristusova ljubezen (prim. 2 Kor 5,14). Bog hoče, da s prav takšno mirno nujnostjo tudi mi trkamo na vrata vsakega človeka: »Zavedaj se, da si ljubljen, kdorkoli že si!«[17] In v vsem tem naj vlada normalnost, naravnost, ko ljubimo vse in se vsem pustimo ljubiti, tako da pomagamo, služimo, posredujemo drugim, kar vemo, se učimo, si delimo izzive in prizadevanja, probleme in tesnobe ter tkemo vezi prijateljstva … Tam, kjer se rodimo, kjer delamo, kjer počivamo, tam, kamor hodimo nakupovat, smo lahko kvas, sol, luč sveta.

---

[15] Sv. Jožefmarija, *Božji prijatelji*, št. 202.
[16] *Zasebni zapiski*, št. 1753, v: Andrés Vázquez de Prada, *Ustanovitelj Opus Dei*, 1. knjiga, str. 463.
[17] Sv. Janez Pavel II., *Prestopiti prag upanja*, Mladinska knjiga, Ljubljana 1994, str. 22.

Bog v svoje Delo ne kliče *superjunakov*. Kliče normalne ljudi, če le imajo veliko in plemenito srce, srce, v katerem je prostor za vse ljudi. To je sv. Jožefmarija zaslutil že v zgodnjih letih in z mislijo na vse, ki bi lahko prejeli božji klic v Delo, je zapisal: »Ni prostora za: egoiste, strahopetne, nediskretne, pesimiste, mlačne, nespametne, nestalne, boječe, lahkomiselne. – Je pa prostor za: bolnike, ki so božji ljubljenci, in za vse, ki imajo široko srce, čeprav so bile njihove slabosti velike.«[18] Če povzamemo: kdor odkrije, da ga Bog kliče v Opus Dei, ima lahko svoje pomanjkljivosti, omejitve, šibkosti; ampak tudi visoke ideale, hrepenenje po tem, da bi ljubil, da bi tudi druge vnel z božjo ljubeznijo.

Ljubiti svet, kakor ga ljubi Bog

»Bog je […] svet tako vzljubil,« beremo v Janezovem evangeliju, »da je dal svojega edinorojenega Sina, da bi se nihče, kdor vanj veruje, ne pogubil, ampak bi imel večno življenje« (Jn 3,16). Bog *strastno* ljubi svet, ki ga je ustvaril in ki ne samo, da ni ovira za svetost, temveč

---

[18] *Navodilo 1. 4. 1934*, št. 65, v: Andrés Vázquez de Prada, *Ustanovitelj Opus Dei,* 1. knjiga, str. 521.

je njeno naravno okolje. Sporočilo Opus Dei pa v svojem osrčju nosi to prepričanje: Lahko smo sveti ne *kljub temu*, da živimo v svetu, ampak ravno *zaradi tega*, ker smo globoko *vsajeni* vanj. Namreč svet, ta skrivnostna zlitina veličine in bede, ljubezni in sovraštva, zamere in odpuščanja, vojn in miru, »nestrpno hrepeni po razodetju božjih sinov« (Rim 8,19).

Ko Prva Mojzesova knjiga opisuje naše razmerje do sveta, uporabi dva glagola: »varovati« in »obdelovati« (prim. 1 Mz 2,15). S prvim nam Gospod podeljuje odgovornost za svet; pravi nam, da ga ne smemo uporabljati samovoljno. Z drugim glagolom, »obdelovati« oziroma »kultivirati« – ki pomeni delati, običajno na polju, in ki ga lahko povezujemo tudi s »čaščenjem« (prim. 4 Mz 8,11) –, pa Bog združuje delo in *kult*: z delom ne dosežemo le samouresničitve, ampak opravljamo tudi Bogu prijetno čaščenje, ker ljubimo svet, kakor ga ljubi On. Skratka, posvečevati delo zato pomeni napravljati svet lepši, narediti v njem prostor za Boga.

On sam je hotel varovati in obdelovati svet, ki je izšel iz njegovih stvariteljskih rok, saj je delal z rokami človeka, ustvarjenega bitja.

Dolga stoletja se je na leta skritega Gospodovega življenja v nazareški delavnici gledalo kot na mračna leta brez sijaja, v luči duha Dela pa postanejo »jasna kot sončna luč, [...] sijaj, ki osvetljuje naše dneve in jih projicira kot verodostojno sliko«.[19] Zato je sv. Jožefmarija svoje hčere in sinove spodbujal, naj v molitvi pogosto premišljujejo o tem delu, ki nas spominja na rast pšeničnega zrna, skritega in tihega. Tako je Jezus, ki je sam sebe pozneje primerjal s pšeničnim zrnom (prim. Jn 12,24), rasel v delavnici sv. Jožefa in svoje Matere, v tistem domu-delavnici.

Preprosto življenje svete družine nam kaže, da nekatera dela, ki se sicer z zemeljskega gledišča zdijo nepomembna, v božjih očeh pridobijo ogromno vrednost, ker je vanje vložena ljubezen, skrb in želja po služenju. Zato »posvečevati delo ne pomeni *početi nekaj svetega*, medtem ko delamo, temveč doseči, da delo sámo *postane sveto*«.[20] Na ta način »se je dobro dokončano človeško delo spremenilo v zdravilo za oči, ki omogoča videti Boga [...] v vseh stvareh. In to se je zgodilo ravno v našem času, ko hoče materializem delo spremeniti v

---

[19] Sv. Jožefmarija, *Jezus prihaja mimo*, št. 14.
[20] Fernando Ocáriz, *Naturaleza, gracia y gloria*, Eunsa 2000, str. 263.

blato, ki človeka zaslepi in mu preprečuje, da
bi gledal Boga.«[21]

Da bi zrno obrodilo sad, se mora skriti, iz-
giniti. Tako je na svoje življenje gledal sv. Jo-
žefmarija: »Skriti se in izginiti, to je zame. Naj
sije samo Jezus.«[22] In Bog želi, da tako na svoje
življenje gledajo tudi vsi moški in ženske, ki jih
On kliče in jih bo še naprej klical v Delo. Ka-
kor prvi kristjani: normalni in običajni ljudje,
ki so morda povzročali precej hrupa, vendar
tega niso počeli zato, da bi poželi aplavz, am-
pak da bi lahko zasijal Bog. Osebe, ki so pred-
vsem »živele iz Kristusa in so oznanjale Kristu-
sa; […] sejalci miru in veselja, miru in veselja,
ki nam ju je prinesel Jezus«.[23]

---

[21] Bl. Álvaro del Portillo, Pismo, 30. 9. 1975 (AGP, *Biblioteca*, P17, 1991,
vol. II, str. 63).

[22] Sv. Jožefmarija, Pismo, 28. 1. 1975.

[23] Sv. Jožefmarija, *Jezus prihaja mimo*, št. 30.

6

KDOR DA ŽIVLJENJE ZA SVOJE PRIJATELJE: POKLICANOST V CELIBAT

»Bog je ustvaril človeka po svoji podobi, po božji podobi ga je ustvaril, moškega in žensko je ustvaril« (1 Mz 1,27). Tako v Prvi Mojzesovi knjigi pravi prvo poročilo o izvoru moškega in ženske: Bog ju ustvari hkrati. Oba imata isto dostojanstvo, saj sta njegova živa podoba. Drugo poročilo se znova zadrži ob tem dogodku (1 Mz 2,7-25), vendar ga prikaže v počasnem posnetku: Bog najprej ustvari moža in ga postavi v edenski vrt. Svet odseva lepoto v vseh stvareh: nebo, vodovje, reke, ki tečejo skozi deželo, in drevesa vseh vrst. Izredno prizorišče, toda Adam se na njem počuti osamljenega.

Da bi ga rešil te osamljenosti, ustvari Bog raznovrstna živa bitja, ki naselijo raj: ptice v zraku, ribe, ki plavajo po morju, in kopenske živali. Vendar se zdi, da vse to za človeka ni dovolj. Tedaj se Bog odloči, da mu bo dal »pomoč, ki mu bo primerna« (1 Mz 2,18), in iz moškega rebra ustvari žensko. Končno Adam odkrije oči, ki mu vračajo pogled, kakršen je njegov: »To je kost iz mojih kosti in meso iz mojega mesa« (1 Mz 2,23). To srečanje ga navda z veseljem, predvsem pa osvetli njegovo istovetnost: na nov način mu pove, kdo je. Moškemu je manjkalo nekaj, kar mu je mogla dati samo druga, njemu enaka oseba.

Ni dobro za človeka, da je sam

Te strani Prve Mojzesove knjige vsebujejo temeljne resnice o človeškem bitju in jih bolj kot v obliki teoretične razprave podajajo na pripoveden način, v simbolnem jeziku. Adamova samota ima zato globok antropološki pomen. Sveti Janez Pavel II. je dejal, da sta vsak moški in vsaka ženska deležna te *izvorne osamljenosti*; na neki točki svojega življenja se morata z njo soočiti.[1] Ko Bog reče: »Ni dobro za človeka, da je sam« (1 Mz 2,18), v resnici misli na oba:[2] tako moški kot ženska

---

[1] Prim. sv. Janez Pavel II., Splošna avdienca, 10. 10. 1979, 24. 10. 1979, 31. 10. 1979.

[2] Prim. sv. Janez Pavel II., Splošna avdienca, 10. 10. 1979, št. 2.

potrebujeta izhod iz osamljenosti, pot, po kateri bosta skupaj hodila proti polnosti, ki jima manjka. In to je zakonska zveza.

Ko bo Jezus mnogo stoletij pozneje farizeje spomnil, kako je bilo »na začetku«, se bo skliceval prav na ta odlomek Svetega pisma (prim. Mt 19,1-12). Krščanski zakon je božji klic, ki moškega in žensko vabi, da skupaj hodita proti Njemu. In to ne samo skupaj, temveč tudi *drug s pomočjo drugega*. Za poročenega človeka je sozakonec nepogrešljiva pot k Bogu; pot, na kateri meso postane prizorišče občestva in ljubečega podarjanja samega sebe, snov in prostor posvečevanja. Zakonska ljubezen je torej srečanje dveh teles in dveh duš, ki polepša in preoblikuje ljubečo človeško bližino: po milosti zakramenta ji daje nadnaravni doseg.

Istočasno pa ljubezen med moškim in žensko stremi k nečemu višjemu od same sebe. Kadar je resnična, ni sama po sebi cilj, ampak je vselej *pot k Bogu*. Še vedno je cilj tista polnost, ki jo lahko najdemo le v Njem. Zato ni prav nič nenavadno, če poročena oseba včasih občuti tisto *izvorno osamljenost*. Vendar pa ta občutek ne pomeni, kot si včasih kdo razlaga, da je ljubezni konec in da je treba začeti novo

zgodbo, saj bi tudi ta nova zgodba bila neza-
dostna. Prej kot to je *znamenje*, da je v člo-
veškem srcu navzoča žeja, ki jo lahko povsem
poteši le neskončna božja ljubezen.

Psihologija nekoga, ki ve, da ni sam

V tistem pogovoru o zakonski zvezi gre Je-
zus, potem ko spomni na nauk iz Prve Mojze-
sove knjige, še korak dlje. Medsebojna podari-
tev moškega in ženske je čudovita pot, ki vodi
k Bogu. Vendar to ni edina možna pot. Gos-
pod spregovori o tistih, ki se na podlagi poseb-
nega daru odpovejo zakonu »zaradi nebeškega
kraljestva« (Mt 19,12). To pot je prehodil on
sam: ostal je nevezan. V njegovem življenju ni
bilo razloga za kakršnokoli posrednost v odno-
su do Boga: »Jaz in Oče sva eno« (Jn 10,30);
»Jaz sem v Očetu in Oče v meni« (Jn 14,11).
Jezus pa te poti ni samo prehodil, ampak je
hotel tudi sam postati Pot, da bi še mnogi dru-
gi ljudje mogli ljubiti na ta način, ki »more biti
smiseln samo, če izhajamo iz Boga«.[3]

Zgodovina Cerkve je polna zgodb o lju-
deh, ki so sprejeli Jezusov klic k poistovetenju
z Njim tudi v tem pogledu: gre za nekaj zelo

---

[3] Benedikt XVI., Govor v rimski kuriji, 22. 12. 2006.

Jezusovega, kar sodi v samo jedro njegovega življenja, četudi ni namenjeno vsem kristjanom. Tisti, ki so se že v prvih stoletjih odzvali klicu v celibat, niso prezirali zakonskega življenja. Morda jih je tudi ona druga pot navduševala celo v tolikšni meri kot tista, na katero so se podali. In prav zato, ker so zakonsko življenje dojemali kot nekaj lepega, so mogli ta načrt z veseljem darovati Bogu. »Samo med ljudmi, ki v vsej globini razumejo in cenijo [...] človeško ljubezen,« pravi sv. Jožefmarija, »se lahko rodi ono drugo neizrekljivo dojemanje, o katerem govori Jezus (prim. Mt 19,11), popolnoma božji dar, ki spodbuja k predajanju telesa in duše Gospodu, k izročitvi nerazdeljenega srca, brez posredovanja zemeljske ljubezni.«[4] Tiste, ki so poklicani v celibat, Bog na neki način vodi k odkrivanju *vira* in *cilja* vsake pristne ljubezni. Na poseben način jih doseže Ljubezen, ki je vladala v Jezusovem srcu in je bila izlita na njegovo Cerkev.

Celibat je torej pot, ki odraža zastonjskost ljubezni Njega, ki vedno naredi prvi korak (prim. 1 Jn 4,19). Čeprav se zdi, da tisti, ki živijo v celibatu in možnost ustvariti družino

---

[4] Sv. Jožefmarija, *Pogovori*, št. 122.

darujejo Bogu, s tem omejujejo svojo svobo-
do, pa jo v resnici razširijo: njihova izročitev
v božje roke, njihova pripravljenost, da zanj
zapustijo »hiše ali brate ali sestre ali očeta ali
mater ali otroke ali njive« (Mt 19,29), jih na
poseben način naredi »svobodne za ljubezen«.[5]
Tako kot poročene osebe morajo tudi oni va-
rovati svoje srce, da se ljubezen, ki jo nosijo
v sebi, ne bi oddaljila od Boga in bi jo mogli
razdajati drugim. Vendar njihova izročitev ni
osredotočena na sozakonca, ampak na Kristu-
sa, ki jih pošilja v ves svet, da bi »bitje njegove-
ga ljubeznivega srca«[6] prenašali na konkretne
osebe v svoji bližini.

Takšno je bilo Jezusovo življenje. On se ni
počutil osamljenega, saj je vedel, da ga vedno
spremlja njegov Oče: »Oče, zahvaljujem se ti,
ker si me uslišal. Jaz sem vedel, da me vselej us-
lišiš« (Jn 11,41-42). V našem primeru je dru-
gače, saj nevarnost osamljenosti ostane. Toda
ko Kristus resnično napolni človekovo srce,
tedaj ta ni več sam. Zato je sveti Jožefmarija
dejal, da mu je Bog dal »psihologijo, značilno
za nekoga, ki ni nikoli sam, niti v človeškem

---

[5] Fernando Ocáriz, Pastirsko pismo, 14. 2. 2017, št. 8.
[6] Sv. Jožefmarija, *Pot*, št. 884.

niti v nadnaravnem smislu«.[7] V nekaj kratkih vrsticah, v katerih je moč zaznati nadih njegovega doživljanja, je zapisal: »Človeško srce ima neizmeren koeficient razširjanja. Ko ljubi, se razprostre v tak *crescendo* ljubezni, ki premaga vse zapreke. Če ljubiš Gospoda, ne bo bitja, ki ne bi našlo prostora v tvojem srcu.«[8]

Janez – nerazdeljeno srce

Pri zadnji večerji, nekaj ur preden je dal svoje življenje, odpre Jezus apostolom svoje srce: »Nihče nima večje ljubezni,« jim reče, »kakor je ta, da dá življenje za svoje prijatelje« (Jn 15,13). Te besede, v katerih je zgoščena vsa njegova ljubezen do človeštva, so hkrati klic. Zato Gospod apostolom pravi: »Vas sem imenoval prijatelje« (Jn 15,15). Kakor vsi ljudje so tudi oni deležni njegove ljubezni »do konca« (Jn 13,1), vendar so tudi prijatelji na nek poseben način. Njihov »Prijatelj«[9] jih vabi, naj ravnajo tako kot On: naj tudi sami dajo življenje za svoje prijatelje. Te besede so nedvomno navzoče v izvoru vsakega krščanskega poklica,

---

[7] Sv. Jožefmarija, *En diálogo con el Señor*, zgodovinsko-kritična izdaja, Rialp, Madrid 2017, str. 185.
[8] Sv. Jožefmarija, *Križev pot*, 8. postaja, 5.
[9] To besedo, »Prijatelj«, občasno uporablja sv. Jožefmarija, ko govori o Jezusu. Prim. *Pot*, št. 422; *Jezus prihaja mimo*, št. 93.

vendar so vedno na poseben način odmevale v srcih tistih, ki so šli za njim tako, da so zapustili vse.

Največje razodetje Ljubezni se bo uresničilo na križu. V tistem veličastnem prizoru skupaj z Marijo in svetimi ženami močno izstopa lik apostola Janeza. »Ob uri resnice so vsi zbežali razen Janeza, ki je zares ljubil z deli. Samo ta mladenič, najmlajši izmed apostolov, je ostal pod križem. Ostali niso čutili te ljubezni, močne kot smrt.«[10] Že od zore njegovih mladih let je v njegovem srcu utripala ljubezen do Jezusa. Vemo, s kakšno rahločutnostjo je ohranil spomin na dan, ko je srečal Gospoda: »Janez se je srečal s Kristusovim pogledom, šel za njim in ga vprašal: *Učitelj, kje stanuješ?* Šel je z njim in ostal pri Učitelju ves dan. Pozneje, mnogo let zatem, pripoveduje s prisrčno odkritostjo kakor mladostnik, ki v osebni dnevnik izlije čutenje svojega srca, in zabeleži celó uro tistega doživetja: *Hora autem erat quasi decima …* Natančno se spominja trenutka, ko ga je Kristus pogledal, ko ga je Kristus pritegnil, ko se Kristusu ni upiral, ko se je v Kristusa zaljubil.«[11]

---

[10] Sv. Jožefmarija, *Jezus prihaja mimo*, št. 2 (prim. Vp 8,6).
[11] Sv. Jožefmarija, Zapiski s srečanja z mladimi, 6. 7. 1974 (AGP, *Biblioteca*, P04, vol. II, str. 113).

Lahko si predstavljamo, kako je bil Jezus na križu ganjen ob pogledu na mladega učenca, ki »se je pri večerji naslonil na njegove prsi« (Jn 21,20). Morda zanj ni bilo presenečenje, da je tam srečal svojo Mater. Tako ali drugače mu je vedno stala ob strani. Mati je vedno tista, ki podpira svojega otroka. Toda ob njej Gospodov pogled najde prijatelja: Janeza. Sredi tesnobe tistega trenutka se njuna pogleda srečata. Kakšno neizmerno veselje se je moralo ob tem vzbuditi v Gospodovem srcu! In prav takrat, pravi evangelij, ko Gospod ob svoji Materi uzre Janeza, ga uvede v edinstveni odnos, ki je vladal med Njim in Marijo. »Ko je Jezus videl svojo mater in zraven stoječega učenca, katerega je ljubil, je rekel materi: Žena, glej, tvoj sin! Potem je rekel učencu: Glej, tvoja mati!« (Jn 19,26-27).

Leta pozneje bo Janez zapisal: »Mi ljubimo, ker nas je on prvi vzljubil« (1 Jn 4,19). Ta presenetljiva trditev izhaja iz njegove osebne izkušnje. Janez je vedel, da ga Jezus globoko ljubi. To je bilo nekaj, kar je dajalo polnost in nov smisel njegovemu življenju: prinašati prav to ljubezen vsem ljudem. »Janez,« je dejal blaženi Newman, »je imel nepopisen privilegij,

da je bil *Kristusov prijatelj*. Na ta način se je
naučil ljubiti druge; najprej je bila njegova
naklonjenost zgoščena, nato pa se je lahko raz-
širila. Poleg tega je imel vzvišeno in tolažilno
nalogo, da je po njegovem odhodu skrbel za
Gospodovo Mater, blaženo Devico. Mar ni v
tem skrivni vir njegove posebne ljubezni do
bratov? Tisti, ki mu je Odrešenik na poseben
način izkazal svojo naklonjenost ter mu zaupal
tudi poslanstvo, da postane sin njegove Ma-
tere, je gotovo moral predstavljati spomin in
vzor (kolikor je človek tega zmožen) globoke,
kontemplativne, goreče, vedre in brezmejne
ljubezni.«[12]

Prebujanje src

Izročitev celotnega srca Bogu ne izhaja eno-
stavno iz osebne odločitve: je *dar*, dar celibata.
Prav tako njena ključna značilnost ni odpo-
ved, temveč ljubezen, ki se rodi iz nekega od-
kritja: »Ljubezen … je res vredna ljubezni!«[13]
Srce zasluti brezpogojno Ljubezen, Ljubezen,
ki je čakala nanj, in se ji želi prav tako brezpo-
gojno izročiti. Pa ne samo zato, ker jo nekdo

---

[12] Bl. Janez Henrik Newman. *Love of Relations and Friends*, Parochial and
Plain Sermons 2, 5.
[13] Sv. Jožefmarija, *Pot*, št. 171.

želi izkusiti, ampak tudi, da bi jo *dajal* še mnogim drugim ljudem. Kakor sveti Janez, ki ni le užival Jezusove ljubezni, pač pa si je prizadeval, da bi se prav ta ljubezen razširila po vsem svetu. Za ljubljenega učenca je bila to naravna posledica: »Če nas je Bog tako vzljubil, smo se tudi mi dolžni ljubiti med seboj« (1 Jn 4,11).

Včasih ljudje celibat povezujejo predvsem s posvečanjem časa, kakor da bi ta popolna izročitev temeljila na vprašanju učinkovitosti: zato da bi nekdo mogel opravljati določene apostolske dejavnosti, da bi bil prost drugih obveznosti. Vendar je to zelo omejen pogled. Celibat se ne poraja iz praktičnega razmisleka o razpoložljivosti za evangelizacijo, ampak iz Kristusovega klica. Je povabilo, da človek na poseben način posnema življenjski slog njegovega srca: da ljubi kot Kristus, odpušča kot Kristus, dela kot Kristus, še več: da *je* sam Kristus – *ipse Christus* – za vse duše. Zato »zgolj pragmatični razlogi, sklicevanje na večjo razpoložljivost, ne zadostujejo. Ta večja razpoložljivost glede časa lahko hitro postane tudi neka oblika sebičnosti, ki se izogiba žrtvam in neprijetnostim, potrebnim za medsebojno sprejemanje in potrpljenje v zakonu; to

bi lahko človeka vodilo v duhovno osiromaše-
nje ali trdosrčnost.«[14]

Celibat torej ni samotnost slonokoščenega
stolpa, ampak klic k spremljanju, k prebuja-
nju src. Koliko je na svetu ljudi, ki se čutijo
zapostavljene, ki se jim življenje zdi brez vred-
nosti in ki včasih zapadejo v čudaško vedenje,
ker konec koncev iščejo le kanček ljubezni!
Kdor prejme dar celibata, ve, da je na svetu
tudi zato, da bi se približal vsem tem ljudem
in jim odkril božjo ljubezen: da bi jih spomnil
na njihovo neskončno vrednost. Tako je srce v
celibatu rodovitno na enak način kot je rodo-
vitno in odrešujoče Jezusovo srce. V vsakem
človeku poskuša odkriti isto dobro, kot ga je
Gospod znal videti v ljudeh, ki so prihajali k
njemu. Ne vidi grešnice, gobavca, zaničevanja
vrednega cestninarja ..., marveč čudovito, od
Boga ljubljeno, od Boga izbrano bitje ogro-
mne vrednosti.

Tako nekdo, ki živi v celibatu, čeprav nima
naravnih otrok, postane sposoben globokega
in resničnega očetovstva. Je oče oziroma mati
mnogih otrok, kajti »očetovstvo in materinstvo
je dajanje življenja drugim«.[15] Zaveda se, da je

---

[14] Benedikt XVI., Govor v rimski kuriji, 22. 12. 2006.
[15] Frančišek, Homilija pri Sveti Marti, 26. 6. 2013.

na svetu zato, da bi *skrbel* za druge in jim s svojim življenjem in naklonjeno besedo pokazal, da more samo Bog potešiti žejo, ki jo čutijo. »Naš svet [...], v katerem se Boga obravnava kvečjemu kot hipotezo, ne pa kot konkretno resničnost, ima potrebo po tem, da se nasloni na Boga na najbolj konkreten in radikalen način. Potrebuje pričevanje o Bogu, kakršno dajejo tisti, ki se odločijo, da ga sprejmejo kot temelj svojega življenja. Prav zato je celibat v današnjem svetu tako pomemben, čeprav je njegovo spoštovanje v našem času nenehno ogroženo in postavljeno pod vprašaj.«[16]

Dar, ki naj iz dneva v dan raste

Božji dar celibata ni kakor čarovnija, ki bi nemudoma in za vedno spremenila resničnost. Prej kot to ga Bog podari kakor seme, ki mora postopoma rasti v *dobri zemlji*. Kot vsak poklic je tudi celibat dar in naloga. Je pot. Zato ni dovolj odločitev za celibat zaradi nebeškega kraljestva, da bi se srce kar samodejno spremenilo. Nenehno si je treba prizadevati za odstranjevanje plevela, biti pozoren na insekte in zajedavce. Božja milost vedno deluje v človeški

---

[16] Benedikt XVI., Govor v rimski kuriji, 22. 12. 2006.

naravi, ne da bi jo zanikala ali izpodrinila. Z drugimi besedami, Bog računa z našo svobodo in našo osebno zgodovino. In prav tam, na tem prizorišču blata in milosti, tiho raste čudoviti dar deviškega srca. Tam raste … ali pa propade.

Podobno kot mlajši sin iz evangeljske prilike se lahko tudi tisti, ki so poklicani k večji zaupnosti z Bogom, nekega dne počutijo naveličane, prazne. Tisti mladenič se je odločil odpotovati v daljne kraje (prim. Lk 15,13), ker je v hiši svojega očeta občutil notranjo praznino. Moral je doseči najnižjo točko, da bi naposled odprl oči in se zavedel, v kakšno suženjstvo je padel. Zanimivo je, da v evangeljskem besedilu razlog za njegovo vrnitev ni prav nič duhoven: bil je lačen, čutil je biološko, telesno lakoto. Pogrešal je mehki kruh očetove hiše. Ko se je končno vrnil, ga je oče čakal, in »pritekel je, ga objel in poljubil« (Lk 15,20). Sin si je predstavljal, da ga bo doletela uradna obsodba (prim. Lk 15,18-19), namesto tega pa ga pričaka življenja poln objem. Tedaj odkrije – morda jasneje kot kdajkoli prej – svojo najglobljo istovetnost: je *sin* nadvse dobrega Očeta.

V drugih primerih je nevolja bolj zahrbtna: lahko se zgodi, da se nekdo, ki ostaja v očetovi hiši, počuti bolj hlapec kot pa sin, tako kot starejši brat iz prilike, ki je »živel doma, a ni bil svoboden, ker je bilo njegovo srce drugje«.[17] V obeh primerih je izhod iz žalosti ta, da se ozremo k Očetu in k njegovi ljubezni do nas. Bog poteši lakoto duše z evharističnim kruhom, v katerem najdemo Njega, ki je postal eden izmed nas, da bi ga mogli ljubiti kot Prijatelja. Tam lahko duša najde potešitev in tako ohranjamo svoje srce vneto v ljubezni, ki je »močna kakor smrt« (Vp 8,6).

Janez je ostal ob Jezusovem križu in prisostvoval tudi njegovemu vnebohodu »tistega dne, ko je bilo navidezno slovo v resnici začetek nove bližine«.[18] Učitelj se je moral fizično ločiti od svojih učencev, ki jim je bil izkazal ljubezen do konca, da bi lahko še z večjo bližino ljubil njih in vse ljudi, ki bodo verjeli vanj. To je skrivnost nerazdeljenega srca: kdor živi v celibatu, se odpove neki ljubezni na zemlji, da bi z lučjo božje Ljubezni napolnil ves svet.

---

[17] Fernando Ocáriz, Pastirsko pismo, 9. 1. 2018, št. 9.

[18] Joseph Ratzinger, *El comienzo de una nueva cercanía*, v: *El resplandor de Dios en nuestro tiempo*, Herder, Barcelona 2008, str. 185.

7

ODGOVOR NA LJUBEZEN:
ZAKONSKI POKLIC

Ko je sveti Jožefmarija pred skoraj sto leti začel govoriti o *poklicanosti v zakon*, je združitev teh dveh pojmov vzbujala osuplost, če ne celo posmeh: kot da bi govoril o ptiču brez kril ali o kvadratnem kolesu. »Se smeješ, ker ti pravim, da si *poklican za zakon*? – Tako je, res si poklican.«[1] V miselnosti tistega in včasih tudi današnjega časa je *imeti poklic* pomenilo zapustiti normalni tok življenja, da bi človek lahko služil Bogu in Cerkvi. To se pravi na tak ali drugačen način zapustiti tisto običajno, kar za večino ljudi vključuje družino, otroke, hišo, službo, nakupovanje, računе, pralne stroje, nepredvidene dogodke, smeh, prepiranje med brati in sestrami, večere na urgenci, ostanke hrane v hladilniku …

---

[1] Sv. Jožefmarija, *Pot*, št. 27.

Ves ta neskončni seznam, tako raznolik in nepredvidljiv kot življenje samo, se ne le prilega temu *kvadratnemu kolesu* zakonske poklicanosti, temveč najde v njem svojo najboljšo možno različico. »Pomen poklicanosti v zakonu«[2] izhaja ravno iz prepričanja, da Bog blagoslavlja normalnost družinskega življenja in želi prebivati v njem. »Ti si Sveti, prestoluješ nad hvalnicami Izraela,« pravi psalm, katerega začetne besede Jezus izreče na križu (Ps 22,4). Bog, Sveti, hoče živeti sredi *povsem običajnega* življenja družin; življenja, ki je poklicano, da po ljubezni postane hvalnica Njemu: v nebesih, vendar skupaj z vsemi *proizvodnimi napakami* tega začasnega stanja, ki mu pravimo življenje.

Srečno pot

Tisti mladenič se je zasmejal, ko je slišal govoriti o poklicanosti v zakon, vendar si ni mogel kaj, da se ne bi tudi zamislil. Ob *provokaciji* je bil podan še nasvet: »Priporoči se svetemu Rafaelu, da te bo, kot Tobija, neomadeževanega pripeljal do konca poti.«[3] Sveti Jožefmarija se je tako naslonil na edino pripoved v Svetem

---

[2] Sv. Jožefmarija, *Jezus prihaja mimo*, št. 30. Prim. št. 22–30, ki obsegajo homilijo *Zakon, krščanski poklic*.
[3] Sv. Jožefmarija, *Pot*, št. 27. Prim tudi prav tam, št. 360.

pismu, povezano s tem nadangelom, ki mu je bil posebej blizu; tako zelo, da mu je že od mladih let naprej zaupal svoj apostolat med mladimi.[4] »Tobijeva knjiga je čudovita,«[5] je nekoč dejal. Čeprav se celotna zgodba knjige vrti okoli potovanja, nam v resnici omogoča, da globoko vstopimo v življenje dveh domov in smo obenem priča porajanju še tretjega. Tudi na samem potovanju vlada to domače vzdušje, obenem pa je tu še podrobnost, ki skozi stoletja ni ostala neopažena s strani umetnikov: ta knjiga je namreč edino mesto v Svetem pismu, kjer se pojavi domači pes, ki Tobija in svetega Rafaela spremlja od začetka do konca potovanja (prim. Tob 6,1; 11,4).

Ko gre Tobija na pot, ga oče blagoslovi, rekoč: »Bog na nebu naj vaju varno pripelje na cilj in vaju spet srečna in zdrava pripelje k meni nazaj. Njegov angel naj vaju varuje in spremlja« (Tob 5,17). Sveti Jožefmarija je v nekoliko spremenjeni obliki uporabljal te besede, kadar je blagoslavljal tiste, ki so se odpravljali na pot: »Naj bo Gospod na tvoji poti in naj te njegovi

---

[4] Prim. sv. Jožefmarija, *Zasebni zapiski*, št. 1697 (10. 10. 1932), v: Andrés Vázquez de Prada, *Ustanovitelj Opus Dei*, 1. knjiga, str. 433.

[5] Sv. Jožefmarija, zapiski meditacije, 12. 10. 1947, v: *Mientras nos hablaba en el camino*, str. 41 (AGP, *Biblioteca*, P18).

angeli spremljajo«[6]. Potovanje – pravo, najbolj odločilno potovanje – pa je pot življenja, po kateri skupaj hodita dva, ki se drug drugemu podarita v zakonu in se odzivata na božji sen, ki je bil navzoč že ob začetku sveta.[7] Kako potrebno je torej, da človek v mladosti odkrije ter po mnogih letih potovanja na novo odkrije »lepoto poklicanosti k oblikovanju krščanske družine«[8] – klic k svetosti, ki ni drugorazredna, ampak prvorazredna.

Ko se življenje zares začne

Osebni poklic se prebudi s preprostim odkritjem, ki pa je polno posledic: s prepričanjem, da smisel, resnica o našem življenju ni v tem, da živimo zase, za svoje stvari, ampak za druge. Človek odkrije, da je v svojem življenju prejel veliko ljubezni in da je k temu tudi sam poklican: da daje ljubezen. In da bo le tako resnično našel samega sebe. Poklicani smo podarjati ljubezen, a ne le v prostem času, kakor

---

[6] Prim. prav tam. »Jaz sem v *ceremonialu* tej molitvi na začetku dodal vzklik k Devici Mariji in jo določil kot blagoslov pred potovanjem: *Beata Maria intercedente, bene ambules: et Dominus sit in itinere tuo, et Angelus eius comitetur tecum* [Na priprošnjo blažene Device Marije srečno potuj. Naj bo Gospod na tvoji poti in naj te njegov angel spremlja].«

[7] Sv. Janez Pavel II. je zato zakon imenoval »prvobitni zakrament« (prim. Avdienca, 20. 10. 1982 in 23. 5. 1984).

[8] Fernando Ocáriz, Pastirsko pismo, 14. 2. 2017.

da bi si s tem želeli nekako olajšati vest, temveč tako, da ljubezen postane naš življenjski projekt, težišče vseh drugih projektov (tistih, ki morejo ostati v orbiti).

Pred poroko s Saro in po njej prejme mladi Tobija več nasvetov v tej smeri: ti nasveti kličejo k temu, kar je v njem najplemenitejšega. Njegov oče Tobit, ki ga pošlje na potovanje, da bi mu zagotovil denar za prihodnost (prim. Tob 4,2), poskrbi, da mu najprej preda svojo najpomembnejšo dediščino; tisto, kar je v življenju najbolj cenil: »Spoštuj svojo mater! Ne zapuščaj je vse dni svojega življenja! Delaj, kar ji je všeč, in z nobenim dejanjem ji ne prizadeni žalosti v duhu! […] Vzdrži se, sin, sleherne nečistosti […]. Kar imaš preveč, razdaj vbogajme, in kadar daješ miloščino, ne bodi mrk v obraz! […] Ob vsaki priložnosti hvali Gospoda Boga in ga prosi, da bi bila tvoja pota ravna in da bi vse, kar počneš in načrtuješ, vodilo k srečnemu cilju« (Tob 4,3-19). Čez nekaj tednov se pravkar poročeni Tobija odpravi na pot nazaj k staršem in njegova tašča Edna se od njega poslovi takole: »Pred Gospodovim obličjem ti zaupamo svojo hčer v varstvo. Ne stori ji nič žalega vse dni svojega življenja! Otrok,

pojdi v miru. Od zdaj sem jaz tvoja mati in
Sara tvoja sestra [žena]« (Tob 10,13).

»Ne prizadeni ji žalosti v duhu […]. Ne sto-
ri ji nič žalega.« Bog kliče zakonca, naj varujeta
drug drugega, skrbita drug za drugega, živita
drug za drugega: v tem je skrivnost njune oseb-
ne izpolnitve, ki prav zato ne more biti zgolj
samouresničitev. Živeti, v najglobljem pomenu
te besede, pomeni dajati življenje. Tako je živel
Jezus: »Jaz sem prišel, da bi imeli življenje in
ga imeli v obilju« (Jn 10,10). Tako sta živela
tudi sveti Jožef in Marija, v najbolj preprosti,
nežni in čuteči ljubezni, kar jih je kdajkoli ob-
stajalo na zemlji; skrbela sta drug za drugega,
predvsem pa za Življenje, ki je postalo človek.
In tako Bog želi, da bi živeli mi, njegovi učen-
ci, da bi povsod, kjer smo, izžarevali njegovo
veselje, njegovo željo po življenju. To je jedro
krščanskega čuta poslanstva.

»Naša mesta,« pravi papež Frančišek, »so
postala zapuščena zaradi pomanjkanja lju-
bezni, zaradi pomanjkanja nasmehov. Veliko
je zabave, veliko, veliko stvari za zapravljanje
časa, za vzbujanje smeha, manjka pa ljubezni.
In to je predvsem naloga družine, predvsem
družine; gre za očka, za mamico, ki delata v

službi in sta z otroki … Nasmeh neke družine je zmožen premagati to zapuščenost naših mest in to je zmaga ljubezni družine. Tega doprinosa družin ne more nadomestiti noben gospodarski in politični inženiring. Babilonski projekt gradi nebotičnike brez življenja. Božji Duh pa daje puščavi, da znova zacveti.«[9]

Živeti pomeni dajati življenje. To odkritje, ki se lahko zgodi že v najstniških letih, včasih pa šele zelo pozno, pomeni pravi prehod iz otroštva v človekovo zrelost. Lahko bi rekli, da človek na neki način šele takrat zares postane oseba, da se šele takrat začne resnično življenje. Kajti »živeti pomeni želeti več, vedno več; želeti ne zaradi poželenja, ampak zaradi hrepenenja. Hrepenenje, to je znak življenja; ljubiti, to je življenje. Ljubiti do te mere, da se lahko izročimo za ljubljeno osebo. Sposobnost pozabiti nase pomeni biti zares človek; biti sposoben umreti za nekaj – to pomeni živeti. Kdor misli samo nase, ni nihče, je prazen; kdor ni sposoben občutiti veselja ob umiranju, je že mrtev. Le tisti, ki to lahko začuti, ki lahko pozabi nase, ki se lahko daruje, skratka, ki ljubi, le tisti je živ. In potem mora le še začeti hoditi.«[10]

[9] Frančišek, Avdienca, 2. 9. 2015.
[10] J. Maragall, *Elogio del vivir*, v: *Vida escrita*, Madrid, Aguilar, 1959, str. 105.

Doseg nekega »da«

Tako se poklicanost v zakon pokaže v povsem drugačni luči in ni kakor »zagon, usmerjen k lastni zadovoljitvi, ali zgolj sredstvo za sebično dopolnitev lastne osebnosti.«[11] Brez dvoma se osebnost zares razvije šele takrat, ko se je človek sposoben podariti drugi osebi. Zakonsko življenje je vir številnih zadovoljstev in radosti, vendar se vsakdo zaveda, da prinaša tudi težave, zahteve in razočaranja. To ne uide nikomur, in vendar: kako hitro človek »pobegne« pred to manj lepo stranjo ljubezni, kako zlahka »zavrže drobtinice trdega kruha«.

Pri razmisleku o tem nam lahko pomaga naslednja primerjava. Dandanes na eni strani gledamo brezhibno popolnost nekaterih poročnih slovesnosti, ki so izpiljene do zadnje podrobnosti, da bi temu enkratnemu življenjskemu dogodku dali kar največjo svečanost in morda tudi povečali družbeni ugled družine. Po drugi strani pa sta tu razočaranje in malomarnost, ki se v teku mesecev in let zlahka prikradeta v družinsko življenje, ko v običajnem vsakdanu začnejo izstopati nepopolnosti: ko se pojavijo težave, ko se pokažejo napake

---

[11] Sv. Jožefmarija, *Jezus prihaja mimo*, št. 43.

druge osebe in se zdi, da se ne znata pogovarjati, poslušati, drug drugemu zdraviti rane, si izkazovati naklonjenost. Tedaj se lahko zamegli *poklicnostni pomen zakona*, po katerem sta bila pozvana, da drugemu dajeta to, kar sta: da sta po svoji poklicanosti oče, mati, mož, žena … In kakšna škoda: družina, za katero je Bog želel, da bi bila srečna tudi sredi težav, obstane le na pol poti, toliko da *zdrži*. Novost, ki je hotela priti na svet po njuni medsebojni ljubezni, v njunem domu … novost, resnično življenje, se tedaj zdi, da je nekje drugje. In vendar je tik za vogalom, četudi je ta vogal malce obdrgnjen, kot se to zgodi vsakemu vogalu, ki naravnost kliče po kančku ljubezni in pozornosti.

Na dan, ko se moški in ženska poročita, odgovorita »da« na vprašanje o svoji medsebojni ljubezni. Toda pravi odgovor pride šele v teku življenja: odgovor se mora utelesiti, dozoreti mora na počasnem ognju vzajemnega »da«, ki je za vedno. »Na najpomembnejša vprašanja človek vedno odgovarja z vsem svojim življenjem. Ne glede na to, kaj govori, s kakšnimi besedami in argumenti se poskuša braniti. Na koncu, čisto na koncu, človek na vsa vprašanja odgovarja z dejstvi svojega življenja […]:

Kdo si? … Kaj si v resnici želel? […] Na koncu človek odgovarja z vsem svojim življenjem.«[12] In tisti »da« celotnega življenja, ki ga človek vedno znova osvaja, postaja vse globlji in pristnejši: neizogibno naivnost začetkov spreminja v čudovito nedolžnost, vendar brez cinizma; spreminja jo v »da, dragi – da, draga«, v »da«, ki ve, in vendar ljubi.

Globina tega »da«, ki se mu ni mogoče odreči, če hočemo priti do resnične ljubezni, je tudi razlog, zakaj Cerkev proti toku vztraja v svojem nauku o pripravi na zakon in odprtosti zakoncev za življenje. Četudi je zaradi tega deležna kritik, da je staromodna in stroga, potrpežljivo vztraja, ker ve, da jo Bog kliče, naj varuje osebno ljubezen, zlasti v njenem »rodnem kraju«.[13] Cerkev ne brani abstraktne, učbeniške resnice, temveč konkretno resnico življenja, družine; varuje medčloveške odnose pred zares smrtonosno boleznijo … pred strupom, ki se neopazno prikrade, sprva preoblečen v romantiko in zmagoslavje, nato pa se nenadoma razkrije, morda z leti, kot neznosna kletka, zlasti če zajame oba: to je sebičnost.

Res je, da je čutiti neko navidezno veličino

---

[12] S. Marai, *El último encuentro*, Salamandra, Barcelona 2007, str. 107.
[13] Fernando Ocáriz, Pastirsko pismo, 4. 6. 2017.

in radost v ljudeh, ki si rečejo: »Kolikor je le mogoče bom užival s svojim telesom in s človekom, ki želi uživati skupaj z mano.« To je pogled na življenje, v katerem odmevajo besede iz Prve Mojzesove knjige: mladost je okusen sadež … Zakaj ga ne bi zaužil, zakaj bi mi Bog hotel iz ust odtrgati to sladkost (prim. 1 Mz 3,2.6). Dva mlada kristjana nista človeka iz kartona: čutita ravno takšno privlačnost, vendar slutita, da gre za privid; želita videti globlje. V prizadevanju, da bi ohranila svojo ljubezen čisto ali na novo osvojila nedolžnost, ki sta jo bila morda izgubila, se pripravljata na ljubezen, ne da bi drugega posedovala, na ljubezen brez použitve. Na tak ali drugačen način se sprašujeta: »S kom bom delil to željo po življenju, ki jo čutim kipeti v sebi? Je to res prava oseba? Se bova resnično ljubila ali si drug drugega samo želiva?« Zavedata se, da bosta s svojim telesom izročila tudi svoje srce, svojo osebnost, svojo svobodo. Vesta, da je za vse to v resnici prostor edino v nekem »da«, ki je za vedno; vesta, da si onadva tako kot kdorkoli drug zaslužita nič manj kot »brezpogojni da«; in da brez takšne odločitve nista zmožna izročiti takšnega darila niti ga drugi niso

pripravljeni sprejeti: to bi bilo darilo, ki bi ju
pustilo notranje prazna, tudi če bi to odkrila
šele čez čas.

Enaka *logika* je prisotna v poklicu oseb, ki
živijo v celibatu in ki ljubijo Boga tudi s svo-
jim telesom, saj mu ga iz dneva v dan podar-
jajo. Da, zakonska zveza in celibat osvetljujeta
in potrebujeta drug drugega, saj oba izžarevata
logiko zastonjskosti, ki jo je mogoče razumeti
samo, če izhajamo iz Boga, iz njegove podobe,
ki jo je Bog položil v nas in po kateri vemo,
da smo dar, da vidimo v drugih dar in da smo
poklicani podarjati življenje: staršem, otro-
kom, starim staršem, vsem.

Ko Jezus razkrije to globino ljubezni, so
njegovi učenci tako zmedeni, da jim mora
reči: »Ne dojamejo te besede vsi, temveč tisti,
katerim je dano« (Mt 19,11). Krščanski fan-
tje in dekleta ter krščanski starši, čeprav včasih
okoli sebe zaznavajo nerazumevanje, mora-
jo vedeti, da jih globoko v sebi mnogi obču-
dujejo, čeprav včasih ne vedo povsem, zakaj.
Občudujejo jih, ker s svojo iskreno ljubeznijo
izžarevajo veselje in svobodo božje ljubezni, ki
»z neizrekljivimi vzdihi« (Rim 8,26) utripa v
srcu vsakega moškega in ženske.

Srce, ki noče trpeti bolečine

Ime Rafael pomeni »Bog ozdravlja« oziro-
ma »Bog varuje«. Nadangelovo posredovanje
v skupni zgodbi Tobita, Hane, Tobija in Sare
na viden način predstavi dejstvo, ki je pona-
vadi neopazno: to, da Bog družine varuje in
mu je nadvse pomembno, da so srečne na svoji
poti (prim. Tob 12,11-15). Bog nam želi biti
blizu, čeprav mu tega včasih ne dovolimo, ker
ga pravzaprav nočemo imeti blizu. V zgodbi o
izgubljenem sinu, ki je odšel »v daljno deželo«
(Lk 15,13), lahko prepoznamo ne le zgodbe
posameznikov, ampak tudi družbene in kul-
turne zgodbe: svet, ki se odvrne od Boga in
tako postane sovražno okolje, v katerem števil-
ne družine trpijo in včasih doživijo tudi bro-
dolom. Vendar se Bog, tako kot oče iz prilike,
ne naveliča čakati in vedno najde način, da
je navzoč v teh včasih tragičnih razmerah ter
znova in znova stopa naproti vsakemu člove-
ku, četudi je mnogo ran, ki jih je treba zaceliti.

Tobijeva knjiga nam pokaže, da božja bliži-
na in skrb za družine ne pomenita zavetja pred
vsemi notranjimi in zunanjimi težavami. Tobit
je na primer pošten, celo junaški mož, vendar
Bog dopusti, da oslepi (prim. Tob 2,10). Tedaj

mora za družinske prihodke poskrbeti njegova žena in zgodi se, da nekoč skupaj s plačilom za svoje delo dobi v dar kozlička. Tobit, ki je zaradi svoje telesne prizadetosti morda nekoliko zagrenjen, meni, da ga je njegova žena ukradla, in tako nehote doma povzroči nevihto. V prvi osebi nam pripoveduje: »Jaz pa ji nisem verjel in sem rekel, naj kozlička vrne gospodarjem, in sem se razjezil nanjo. Žena pa mi je odvrnila: 'Le kaj imaš od svoje miloščine? Le kaj od svojih pravičnih del? Saj vidimo, kaj je od tega!'« (Tob 2,14). Tobit se je spričo surovosti tega odgovora »zelo razžalostil«; tedaj je začel moliti, ihteti in prositi Boga, naj ga vzame k sebi (prim. Tob 3,1-6).

Kljub temu pa si Tobit še naprej prizadeva ustreči svoji ženi, čeprav mu to ne uspeva vedno. Ko je na primer Tobija že na poti nazaj, srečno poročen in obložen z denarjem, kot mu je naročil oče, se njegova mati Hana, ki je od vsega začetka nasprotovala zamisli o potovanju, boji najhujšega: »Moj sin je umrl, ni ga več med živimi [...]. Jojme, sin, da sem te pustila na pot, ti luč mojih oči!« Tobit, ki je prav tako zaskrbljen, jo skuša pomiriti: »Ne govori tako, sestra! Živ je in zdrav. Najbrž jih je tam doletela kaka nepričakovana težava. Človek, ki ga spremlja, je zanesljiv, eden naših bratov je. Ne žaluj za sinom, sestra! Vsak čas bo tu.« Toda njegove besede ne zaležejo. »Ne govori mi več in nikar mi ne laži! Moj sin je mrtev,« odvrne Hana. In vendar jo neka prav materinska nedoslednost žene, da na skrivnem še naprej pričakuje njegovo vrnitev: »Vsak dan se je bolj nemirno ozirala po cesti, po kateri je odpotoval njen sin, in nihče je ni mogel več pomiriti. Ko je sonce zašlo, je šla v hišo in vso noč vzdihovala in jokala in ni zatisnila oči« (Tob 10,1-7).

Ganljivo je gledati, kako se tudi po nekaj tisočletjih vsakodnevne težave družin niso kaj dosti spremenile. Nesporazumi, pomanjkanje komunikacije, zaskrbljenost zaradi otrok … »Slabo bi vrednotil zakon in človeško ljubezen, kdor bi mislil, da se ob teh ovirah ljubezen in zadovoljstvo končata.«[14] Pri začetni zaljubljenosti – tisti sili, ki v človeku vzbudi hrepenenje po ustvarjanju družine – ponavadi skoraj vse pomanjkljivosti drugega ostanejo v slepi pegi. Vendar je potrebnih le nekaj tednov stalnega sobivanja za ugotovitev, da nihče ni bil popoln v trenutku, ko je stopil pred oltar; zato je zakonsko

---

[14] Sv. Jožefmarija, *Jezus prihaja mimo*, št. 24.

življenje pot spreobrnjenja v dvoje, v ekipi. Do-volj je, da si mož in žena vsak dan nudita novo priložnost, in njuni srci bosta postajali vse lepši, čeprav se bodo nekatere izmed njunih omejitev ohranile ali se celo jasneje pokazale.

Neka stara pesem pravi: »Srce, ki noče trpe-ti bolečine, vse življenje brez ljubezni prebi-je.«[15] Zares, »ljubiti pomeni biti ranljiv. Ljubite karkoli, in vaše srce bo zagotovo trpinčeno in morebiti strto. Če si hočete zagotoviti, da bo vaše srce ostalo nedotaknjeno, ga ne smete dati nikomur, niti živali ne. Previdno ga odenite s hobiji in drobnim razkošjem, izognite se vsem razmerjem, varno ga zaprite v skrinjico oziroma krsto svoje sebičnosti.«[16] To se gotovo ne zgodi zakoncema, kot sta Tobija in Sara, ki se mora-ta že prvo poročno noč soočiti s smrtno nevar-nostjo zaradi delovanja hudega duha (prim. Tob 6,14-15; 7,11). Vendar pa demon sebičnosti – smrtonosna bolezen – nenehno preti vsem dru-žinam, saj se pojavlja skušnjava, da bi iz »nepo-membnih prask«[17] naredili »visoke ovire«.

Zato je tako pomembno, da se mož in žena odprto pogovarjata, tudi če gre za težke reči, da

---

[15] *A los árboles altos*, ljudska pesem, ki jo omenja sv. Jožefmarija v *Poti*, št. 145.
[16] C. S. Lewis, *Štiri ljubezni*, Družina, Ljubljana 2016, str. 141.
[17] Sv. Jožefmarija, *Jezus prihaja mimo*, št. 23.

se ne bi postopoma vkopala vsak za svojim zidom, temveč bi vedno znova gradila na čustvih, ki omogočajo ljubezen. Sveti Jožefmarija pravi, da »je prepir, če ni prepogost, tudi izraz ljubezni, skoraj nujnost«[18] za zakonce. Voda mora teči; kadar namreč zastane, se navzame gnilobe. Zato je tudi tako pomembno, »da si starši vzamejo dovolj časa za svoje otroke, da se pogovarjajo z njimi;« da jih skušajo »razumeti, priznati del resnice – ali vso resnico – v njihovi upornosti«.[19] Pogovor torej in sobivanje: med možem in ženo, med starši in otroki.

Predvsem pa se je treba pogovarjati z Bogom, da bi nam lahko naklonil svoja razsvetljenja: »Tvoja beseda je svetilka mojim nogam, luč moji stezi« (Ps 119,105). Čeprav svetopisemsko besedilo ne govori o nesoglasjih med Tobijem in Saro, si lahko predstavljamo, da je do tega prihajalo, tako kot se je dogajalo Tobitu in Hani in kot se dogaja v vsaki družini. Predstavljamo si lahko tudi, da sta si bila zelo blizu do konca življenja, saj vidimo, kako se njun zakon poraja in raste v tesni povezanosti z Bogom. »Slavljen si, Bog naših očetov, in slavljeno bodi tvoje ime v vseh prihodnjih

---

[18] Prav tam, št. 26.
[19] Prav tam, št. 27.

rodovih,« se glasi njuna skupna molitev na poročno noč. »Izkaži usmiljenje meni in njej, daj, da skupaj doseževa starost« (Tob 8,5.7).

* * *

Sveti Janez Pavel II., »papež družine«,[20] je nekoč zakonsko ljubezen iz Visoke pesmi primerjal z ljubeznijo Tobija in Sare. Zakonca iz Visoke pesmi, kot je dejal, »z ognjevitimi besedami izpovedujeta človeško ljubezen drug drugemu. Novoporočenca v Tobijevi knjigi prosita Boga, da bi se na ljubezen znala prav odzvati.«[21] S tem ko je povezal ta dva portreta zakonske ljubezni, je želel postaviti vprašanje: Na katerem od teh je najbolje upodobljena? Odgovor je preprost: na obeh. Na dan, ko se dve srci srečata, dobi njun poklic svež in mladosten obraz, kakršen je obraz zakoncev v Visoki pesmi. Toda to obličje na novo pridobi svojo mladostnost vsakokrat, ko v teku življenja eden in drugi znova sprejmeta svoj klic, da *se odzoveta na ljubezen*. In potem je ta ljubezen resnično »močna kakor smrt«.[22]

---

[20] Frančišek, Homilija na kanonizaciji, 27. 4. 2014.
[21] Sv. Janez Pavel II., Avdienca, 27. 6. 1984.
[22] Prim. prav tam; Vp 8,6.

8

ŠE BOLJŠI OČETJE IN MATERE: POKLIC OTROKA

Jakobova in Janezova mati pristopi k Jezu-su. Do Njega čuti veliko zaupanje. Gospod ugane njen namen, da ga želi nekaj prositi, in jo naravnost vpraša: »Kaj hočeš?« Ona mu brez ovinkarjenja reče: »Ukaži, naj ta dva moja sinova sedita v tvojem kraljestvu, eden na tvo-ji desnici in eden na tvoji levici« (Mt 20,21). Morda se je Jezus nasmehnil ob prisrčni proš-nji te matere. Čez čas jima bo podelil nekaj drznejšega od tega, kar so bile njene sanje za ta sinova. Dal jima bo bivališče v svojem lastnem srcu ter vesoljno in večno poslanstvo.

Cerkev, ki je takrat komaj prihajala na svet, danes doživlja nov apostolski zagon. S pomočjo zadnjih papežev jo Gospod vodi v smeri »vedno nove evangelizacije«,[1] ki je ena

---

[1] Sv. Pavel VI., apost. spod. *Evangelii nuntiandi* (8. 12. 1975), št. 82. Prim. tudi sv. Janez Pavel II., apost. pismo *Novo millennio ineunte* (6. 1. 2001),

prevladujočih značilnosti prehoda iz drugega v tretje tisočletje. In v tem podvigu družina ni pasiven člen; nasprotno, matere, očetje, stari starši so protagonisti: so na prvi fronti evangelizacije. Družina dejansko »je prvi kraj, kjer v našem življenju postane navzoča božja Ljubezen, onkraj tega, kar lahko sami storimo ali ne storimo«.[2] V družini se naučimo moliti z besedami, ki jih bomo izgovarjali do konca življenja; v družini se izoblikuje način, kako bodo otroci gledali na svet, na ljudi, na stvari.[3] Zato je poslanstvo domačega ognjišča, da postane primerno podnebje, dobra zemlja, v katero bo Bog lahko vsejal svoje seme, tako da bo, kdor bo poslušal besedo in jo razumel, obrodil stoteren, šestdeseteren ali trideseteren sad (prim. Mt 13,23).

Starši svetnikov

Sveti Jožefmarija je bil mlad duhovnik, ko mu je Gospod pokazal neizmerno obzorje svetosti, ki naj bi jo Opus Dei zasejal po svetu. Motril je svoje poslanstvo kot nalogo, s katero

---

št. 40; Benedikt XVI., homilija ob otvoritvi škofovske sinode o novi evangelizaciji, 7. 10. 2012; Frančišek, apost. spod. *Evangelii gaudium* (24. 11. 2013), št. 27.

[2] Fernando Ocáriz, Pismo, 4. 6. 2017.

[3] Prim. *Katekizem Katoliške cerkve*, št. 1666.

ni mogel odlašati, in prosil je svojega duhovnega voditelja, da bi mu dovolil okrepiti molitev in pokoro. Kakor da bi hotel upravičiti te zahteve, mu je pisal: »Glejte, to od mene hoče Bog, poleg tega pa je potrebno, da sem svet in da sem oče, učitelj in voditelj svetnikov.«[4] Te besede je mogoče na neki način pripisati katerikoli materi in kateremukoli družinskemu očetu, kajti svetost je pristna samo, če jo človek deli, če sveti v njegovi okolici. Če torej hrepenimo po resnični svetosti, potem je vsak izmed nas poklican, da postane »svet in oče, učitelj in voditelj svetnikov«.

Že zelo zgodaj je sv. Jožefmarija govoril o »poklicu za zakon«.[5] Vedel je, da bo ta izraz zvenel presenetljivo, vendar je bil prepričan, da je zakon resnična pot svetosti in da je zakonska ljubezen nekaj zelo božjega. Z drznimi besedami je pogosto pravil: »To ljubezen blagoslavljam z obema rokama, in ko so me spraševali, zakaj z obema rokama, je bil moj takojšen odgovor: ker nimam štirih!«[6]

Poslanstvo staršev ni omejeno na sprejemanje otrok, ki jim jih Bog pošlje; nadaljuje se

---

[4] Sv. Jožefmarija, *Zasebni zapiski*, št. 1725, citirano v: Andrés Vázquez de Prada, *Ustanovitelj Opus Dei*, 1. knjiga, str. 502.

[5] Sv. Jožefmarija, *Pot*, št. 27.

[6] Sv. Jožefmarija, *Božji prijatelji*, št. 184.

skozi vse življenje in njegovo obzorje so ne-
besa. Če se naklonjenost staršev do otrok vča-
sih lahko zdi krhka in nepopolna, pa je vez
očetovstva in materinstva nekaj tako globoko
zakoreninjenega, da omogoča izročitev brez
zadržkov: vsaka mati bi raje sama stopila na
mesto svojega otroka, ki bi trpel na bolniški
postelji.

Sveto pismo je polno mater in očetov, ki
čutijo privilegij in ponos zaradi otrok, ki jim
jih je Bog naklonil: Abraham in Sara, Mojze-
sova mati, Samuelova mati Ana, mati sedmih
makabejskih bratov, kananejska žena, ki prosi
Jezusa za svojo hčer, vdova iz Naina, Elizabeta
in Zaharija, na prav poseben način pa Devica
Marija in sv. Jožef. To so posredniki, ki se jim
lahko zaupamo, da bi varovali naše družine,
da bi iz njih izvirala nova generacija svetnikov.

Ni nam skrito, da sta materinstvo in oče-
tovstvo tesno povezana s križem in trpljenjem.
Poleg velikih radosti in zadovoljstva nam pri
dozorevanju in odraščanju otrok niso prihra-
njene težave, nekatere so majhne, druge niti
ne: noči brez spanja, najstniško upiranje, teža-
ve z iskanjem zaposlitve, izbira osebe, s katero
želijo preživeti svoje življenje, itd.

Zlasti boleče je gledati, kako otroci včasih sprejemajo napačne odločitve ali se oddaljijo od Cerkve. Starši so jih skušali vzgojiti v veri; trudili so se, da bi jim pokazali privlačnost krščanskega življenja. In morda se naposled vprašajo: Kaj sva storila narobe? Normalno je, da se to vprašanje postavi, vendar ni dobro pustiti, da nas vznemirja. Starši so zagotovo prvi odgovorni za vzgojo svojih otrok, vendar nimajo samo oni vpliva nanje: okolje, ki jih obdaja, jim lahko drugačne načine življenja ponudi kot bolj privlačne ali prepričljive; lahko tudi doseže, da jim svet vere postane nekako oddaljen. Predvsem pa imajo otroci svobodo, s katero se odločijo za takšno ali drugačno pot.

Včasih se enostavno zgodi, da se morajo otroci nekoliko oddaljiti, da bi ponovno, z novimi očmi odkrili vse, kar so prejeli. Tačas je treba biti potrpežljiv: tudi če se motijo, jih velja zares sprejemati, poskrbeti, da bodo to opazili, in se izogibati prisili, saj bi jih to lahko še bolj oddaljilo. »Marsikdaj ni mogoče storiti drugega kot čakati; moliti in upati s potrpežljivostjo, milino, velikodušnostjo in usmiljenjem.«[7] V tem pogledu je zelo nazoren

---

[7] Frančišek, splošna avdienca, 4. 2. 2015.

lik očeta v priliki o izgubljenem sinu (prim. Lk 15,11-32): on je videl mnogo dlje kot njegov sin in zato, čeprav se je zavedal njegove zmote, je vedel, da mora čakati.

Kakorkoli že, ni enostavno niti samoumevno, da mati ali oče sprejmeta svobodo svojih otrok, ko ti odraščajo, kajti nekatere odločitve, sicer same po sebi dobre, bodo drugačne od teh, ki bi jih sprejeli starši. Če so ju do tistega trenutka otroci pri vsem potrebovali, pa se zdaj lahko zazdi, da starši postajajo zgolj opazovalci njihovega življenja. Kljub vsemu, čeprav se sliši protislovno, jih v tistih trenutkih potrebujejo bolj kot kdajkoli prej. Oni, ki so jih naučili jesti in hoditi, lahko še naprej spremljajo rast njihove svobode, medtem ko si v življenju utirajo svojo lastno pot. Starši so sedaj poklicani, da postanejo učitelji in vodniki.

Učitelji svetnikov

Učitelj je tisti, ki uči neko znanost, obrt ali veščino. Starši so učitelji, marsikdaj celo ne da bi se zavedali. Podobno kot pri pojavu osmoze predajajo otrokom marsikaj, kar jih bo spremljalo skozi vse življenje. Predvsem imajo poslanstvo, da jih vzgajajo v najpomembnejši umetnosti: ljubiti in biti ljubljen. Na tej poti pa je ena izmed najtežjih lekcija o svobodi.

Za začetek jim morajo starši pomagati, da presežejo nekatere predsodke, ki se danes zdijo očitni, kot na primer stališče, da naj bi svoboda pomenila »ravnanje v smeri osebnih kapric in odpor do kakršnihkoli pravil«.[8] Vendar pa je njihov resnični izziv v tem, da v otrocih potrpežljivo, kakor pri vzpenjanju po klancu, prebudijo veselje do dobrega: tako da ne bodo čutili samo tega, da jim je težko ravnati, kot jim rečejo starši, temveč bodo postali »sposobni uživati v dobrem«.[9] Na tej poti odraščanja otroci včasih ne cenijo vsega, kar jih starši učijo. Res je, da se pogosto tudi starši morajo naučiti, kako otroke vzgajati bolje: človek se namreč ne rodi usposobljen za vlogo matere ali očeta. Vseeno pa celo kljub morebitnim pomanjkljivostim pri vzgoji čez čas otroci vedno bolj cenijo, kar so prejeli; podobno se je zgodilo svetemu Jožefmariju v zvezi z nekim nasvetom, ki mu ga je ponavljala njegova mati: »Mnogo let pozneje sem spoznal, da so tiste besede imele zelo globok smisel.«[10]

---

[8] Fernando Ocáriz, Pastirsko pismo, 9. 1. 2018, št. 5.

[9] Julio Diéguez, *Llegar a la persona en su integridad: el papel de los afectos (I)*, opusdei.org.

[10] Sv. Jožefmarija, zapiski z družinskega srečanja, 17. 2. 1958.

Otroci naposled odkrijejo, prej ali pozneje, kako zelo so jih njihovi starši imeli radi in v kolikšni meri so bili njihovi življenjski učitelji. To je s posebno jasnostjo izrazil eden izmed vélikih piscev 20. stoletja: »Ni ničesar, kar bi bilo višje, močnejše, bolj zdravo in koristno v življenju […] kot kak dober spomin, še posebno, če ga prinesete iz otroštva, iz hiše svojih staršev. […] Če si človek za življenjsko popotnico nabere veliko takšnih spominov, je rešen za vse žive dni. Tudi če nam v srcu ostane en sam lep spomin, nas bo prav to morda kdaj odrešilo.«[11] Starši vedo, da je njihovo poslanstvo sejati, in potrpežljivo čakajo, da bi njihova nenehna skrb obrodila sad, četudi ga sami morda sploh ne bodo dočakali.

Voditelji svetnikov

Voditelj je nekdo, ki druge vodi in jim kaže, kako naj si utirajo pot in hodijo po njej. Da bi mogli vršiti to nalogo, je treba poznati teren, potem pa spremljati tiste, ki prvikrat hodijo po njem. Dobri učitelji *opremijo* glave in znajo ogreti srca: Saloma, Zebedejeva žena, je svoja

---

[11] F. Dostojevski, *Bratje Karamazovi*, Epilog, Cankarjeva založba, Ljubljana 2010, str. 889.

sinova spremljala na poti do Kristusa; postavila ju je pred Njega, ki bo dal smisel in veselje njunemu življenju; bila je navzoča ob vznožju križa. Tam je od obeh sinov zmogel ostati samo Janez; toda njen drugi sin, Jakob, bo pozneje kot prvi izmed apostolov dal življenje za Jezusa. Ona je tudi šla v nedeljo navsezgodaj h grobu, poleg Magdalene. In Janez je prispel kmalu zatem.

Vsak voditelj se mora včasih spoprijeti s kočljivimi, izzivov polnimi trenutki. Eden od takšnih trenutkov na življenjski poti je odgovor na božji klic. Spremljanje otrok pri razločevanju poklicanosti je pomemben del poslanstva, ki je zaupano staršem. Razumljivo je, da jim ta korak vzbuja strah. Toda to voditelja ne sme ohromiti. »Strah? V dušo so se mi globoko zasadile besede sv. Janeza iz njegovega prvega pisma, četrto poglavje. Takole pravi: *Qui autem timet, non est perfectus in caritate* (1 Jn 4,18). Kdor se boji, ne zna ljubiti. Strah – pred čem? Ti znaš ljubiti, zato se nikar ne boj. Pogumno naprej!«[12]

Največja skrb matere ali očeta je zagotovo sreča njunih otrok. Vendar pa imata onadva

---

[12] Sv. Jožefmarija, Zapiski s srečanja z mladimi, november 1972, citirano v: *Dos meses de Catequesis*, 1972, vol. 1, str. 416 (AGP, *Biblioteca*, P04).

marsikdaj že izdelano zamisel o tem, v kakšni
obliki naj bi se ta sreča uresničila. Včasih si
starši naslikajo karierno prihodnost, ki se ne
sklada povsem z dejanskimi talenti njihovih
otrok. Včasih pa želijo, da bi otroci bili dob-
ri, ampak »brez pretiravanja«. Morebiti na ta
način pozabljajo na radikalnost evangelija, ki
je na trenutke osupljiva, toda ključnega pome-
na. Če so bili otroci deležni globoke krščanske
vzgoje, je zatorej še toliko bolj razumljivo, »da
nas vsak otrok preseneča z načrti, ki klijejo iz
te svobode, in ki se križajo z našimi predstava-
mi. In prav je, da se to dogaja. Vzgoja vklju-
čuje nalogo, da spodbujamo odgovorno svo-
bodo.«[13]

Starši svoje otroke prav dobro poznajo; po-
navadi bolje kot kdorkoli drug. Ker si zanje
želijo najboljše, je razumljivo in dobro, da
se sprašujejo, ali jih bodo njihove življenjske
odločitve osrečile, in da gledajo na njihovo

---

[13] Frančišek, apost. spod. *Amoris laetitia* (19. 3. 2016), št. 262. Sveti Jo-
žefmarija je to dejstvo opisoval s kančkom duhovitosti: »Mamica, komaj
je malček rojen, že razmišlja, kako ga bo poročila s to in to gospodično in
kako bosta uredila to in ono. Očka ima v mislih kariero ali posle, v katere
bo vključil sina. Vsak od njiju si napiše svoj roman, čudovito rožnat roman.
Potem pride to bistro bitje, ki je dobro, ker so njegovi starši dobri, in jima
pravi: Ta vajin roman me ne zanima. In potem sta dva hudo nejevoljna«
(zapiski s srečanja z družinami, 4. 11. 1972, v: *Hogares luminosos y alegres*,
str. 155 [AGP, *Biblioteca*, P11].

bodočnost »z očmi tega sveta«,[14] v želji, da bi jih zaščitili in jim pomagali. Kadar torej otroci začenjajo slutiti morebiten božji klic, imajo zato starši pred seboj prelepo nalogo razumnosti in usmerjanja. Ko je sv. Jožefmarija o svoji poklicanosti povedal svojemu očetu, mu je ta dejal: »Razmisli še malo« … takoj zatem pa dodal: »Jaz ne bom nasprotoval.«[15] Medtem ko si prizadevajo, da bi bile duhovne odločitve njihovih otrok realistične in smiselne, se morajo starši istočasno učiti spoštovati njihovo svobodo in prepoznavati delovanje božje milosti v njihovih srcih, da se ne bi – hote ali nehote – spremenili v oviro za Gospodove načrte.

Po drugi strani se tudi otroci marsikdaj ne zavedajo, v kolikšni meri lahko njihov poklic starše pretrese. Sveti Jožefmarija je dejal, da je svojega očeta enkrat samkrat videl jokati, in to je bilo ravno takrat, ko mu je sporočil, da želi postati duhovnik.[16] Precejšnja velikodušnost je potrebna pri spremljanju otroka na poti, ki pelje v drugačno smer, kot si je človek zamislil.

---

[14] Špan. *de tejas abajo*. Sv. Jožefmarija je pogosto uporabljal ta izraz, ko je govoril o razumljivih skrbeh staršev za človeško uspešnost njihovih otrok. Prim. Javier Echevarría, *Memoria del Beato Josemaría Escrivá*, Rialp, Madrid 2000, str. 99.

[15] Ana Sastre, *Tiempo de caminar*, Rialp, Madrid 1989, str. 52.

[16] Prim. Andrés Vázquez de Prada, *Ustanovitelj Opus Dei*, 1. knjiga, str. 95.

Zato ni čudno, da je odpoved takšnim na-
črtom težka. Istočasno pa Bog od staršev ne
pričakuje manj od tega: to trpljenje, ki je zelo
človeško, more po Gospodovi milosti postati
tudi zelo božje.

Ti pretresi so sicer lahko tudi priložnost
za razmislek, kot je imel navado govoriti sv.
Jožefmarija, da otroci svojim staršem dolgu-
jejo petindevetdeset odstotkov svojega klica
k temu, da ljubijo Boga z vsem srcem.[17] Bog
zagotovo ve, kolikšno žrtev lahko za starše po-
meni to, da svobodno in z ljubeznijo sprejme-
jo takšno odločitev. Nihče tega ne more razu-
meti tako kot On, ki je svojega Sina izročil, da
bi nas odrešil.

Kadar starši velikodušno sprejmejo klic
svojih otrok, ne da bi si jih pridrževali, prido-
bijo iz nebes obilo blagoslova za mnoge ljudi.
V resnici gre za zgodbo, ki se ponavlja skozi
stoletja. Ko je Jezus poklical Janeza in Jakoba,
naj pustita vse in hodita za njim, sta skupaj s
svojim očetom krpala mreže. Zebedej je ostal
pri mrežah, nemara malce nevoljen, vendar
jima je pustil oditi. Morda je potreboval kar
nekaj časa, preden je spoznal, da je v tistem

---

[17] Prim. sv. Jožefmarija, *Pogovori*, št. 104.

trenutku sam Bog vstopil v njegovo družino. Toda kakšno veselje je prišlo potem, ob pogledu na njuno srečo pri tistem *novem ribolovu*, na *brezmejnem morju* apostolata.

Potrebujejo te bolj kot kdajkoli

Kadar hči ali sin v svojem življenju sprejema pomembno odločitev, potrebuje svoje starše bolj kot kdajkoli prej. Marsikdaj lahko mati ali oče, celo v daljavi, odkrijeta senco žalosti v svojih otrocih, ravno tako kot sta zmožna zaslutiti pristno veselje. Zato jim moreta na nezamenljiv način pomagati, da bodo srečni in zvesti.

Pri izpolnjevanju te nove naloge je morda na prvem mestu priznanje daru, ki sta ga prejela. Ko o tem premišljujeta v božji navzočnosti, lahko odkrijeta, da »za starše ni žrtev, če jih Bog prosi za njihove otroke; prav tako za tiste, ki jih Gospod pokliče, ni žrtev hoditi za Njim. Nasprotno, to je ogromna čast, velik in svet ponos, dokaz izvoljenosti, posebna ljubeznivost.«[18] Oni so tisti, ki so omogočili poklic, kar je nadaljevanje daru življenja. Zato jim je sv. Jožefmarija govoril: »Čestitam vam, kajti

---

[18] Sv. Jožefmarija, *Kovačnica*, št. 18.

Jezus si je vzel ta vaša srca – v celoti – samo zase ... Samo za Njega!«[19]

Po drugi strani pa molitev staršev tedaj pred Gospodom pridobi poseben pomen. Koliko takšnih zgledov čudovitega posredovanja najdemo v Svetem pismu in v zgodovini! Sveta Monika s svojo zaupno in vztrajno molitvijo za spreobrnjenje svojega sina Avguština je morda najbolj znan primer; v resnici pa je podobnih zgodb nešteto. V ozadju vsakega poklica »je vselej močna in globoka molitev nekoga: babice, dedka, matere, očeta, kakšne skupnosti. [...] Poklici se porajajo v molitvi in iz molitve; in samo v molitvi lahko vztrajajo ter obrodijo sad.«[20] Potem ko se pot začne, je vztrajanje v hoji do cilja v veliki meri odvisno od molitve njih, ki imajo te osebe najbolj radi.

Poleg molitve je na mestu bližina. Če se vidi, da se starši zavzemajo za njihovo novo življenjsko poslanstvo, je to otrokom v veliko pomoč pri krepitvi njihove zvestobe. Marsikdaj starši vpijoče, ne da bi to izrekli na glas, prosijo, da bi lahko pomagali in začutili, kakšno srečo je našla hči ali sin na svoji poti izročitve. Čutijo

[19] Sv. Jožefmarija, srečanje z družinami, 22. 10. 1960, v: A. Rodríguez Pedrazuela, *Un mar sin orillas*, Rialp, Madrid 1999, str. 348.
[20] Frančišek, *Regina coeli*, 21. 4. 2013.

potrebo po tem, da se dotaknejo rodovitnosti tega življenja. Včasih jih bodo tudi otroci sami na simpatičen način zaprosili za podporo v obliki nasveta, pomoči, molitve. Koliko je zgodb o materah in očetih, ki svoj klic k svetosti odkrijejo preko poklicanosti svojih otrok!

Sadov, ki jih je obrodilo življenje Jakoba in Janeza, ni mogoče izmeriti. Gotovo pa lahko rečemo, da ta dva stebra Cerkve svoji materi in očetu dolgujeta večji del svojega poklica. Jakoba je ljubezen do Boga popeljala vse do skrajnih meja zemlje, Janez pa ga je oznanjal z besedami na najlepših straneh, ki so bile kdaj zapisane o tej Ljubezni. Vsi, ki smo prejeli vero po zaslugi njune izročitve, lahko čutimo globoko hvaležnost do tistih dveh zakoncev iz dežele ob Galilejskem jezeru. Imeni Zebedej in Saloma bodo ljudje skupaj z imeni apostolov izgovarjali vse do konca časov.

»Vzemite in jejte od tega vsi. To je moje telo, ki se daje za vas.«[21] Matere in očetje, ki ljubijo Boga in so videli, kako se je njihov otrok popolnoma predal Njemu, na prav poseben način razumejo Gospodove posvetilne besede pri maši. V nekem smislu jih doživljajo v svojem

---

[21] *Rimski misal*, evharistična molitev.

lastnem življenju. Izročili so svojega otroka, da drugi ne bi bili lačni, da bi imeli življenje. Tako na neki način njihovi otroci pomnožijo njihovo materinstvo in očetovstvo. Ko izrečejo ta novi »da«, se združijo z delom odrešenja, ki ga je izvršil Jezusov »da« pri pasijonu in ki se je začelo v preprostem domu, ko je svoj »da« izrekla Marija.

9

Bo moja odločitev prava?

Potem ko so bili apostoli priča Jezusovemu srečanju z bogatim mladeničem in izidu tega srečanja, jim to da misliti: fant »je žalosten odšel« (Mt 19,22 sl.). Najbrž so zbegani ob Jezusovem pogledu, ki sicer ni žalosten, je pa prizadet: »Bogataš bo težko prišel v nebeško kraljestvo.« Kakor ob drugih priložnostih spregovori Peter kot glasnik njihovega skupnega čutenja: »Mi smo vse zapustili in šli za teboj. Kaj bomo torej prejeli?« S takšnimi besedami in v tem duhu zaupnega prijateljstva je sv. Jožefmarija nagovoril našega Gospoda v nekem za Delo težkem trenutku: »Kaj boš zdaj storil z nami? Ne moreš kar zapustiti tistih, ki so svoje zaupanje položili vate!«[1]

---

[1] Andrés Vázquez de Prada, *Ustanovitelj Opus Dei*, 3. knjiga, str. 34.

Kaj bo z menoj?

Začetek poklicanosti tako kot začetek vsa-ke poti pogosto s seboj prinese določeno mero negotovosti. Ko Bog dopusti, da v naše srce vstopi nemir in se začne izrisovati možnost konkretne poti, je naravno, da se vprašamo: Bo to prava smer?

Kaj se skriva v ozadju te negotovosti? Na prvem mestu: povsem običajen strah. Strah pred življenjem in pred lastnimi odločitvami: ne vemo, kaj se bo zgodilo v prihodnosti, kam nas bo pripeljala ta pot, ker je še nikoli nismo prehodili. Negotovost je mogoče razlagati tudi kot našo željo, da bi se odločili pravil-no: želimo si, da bi naše življenje imelo neko vrednost, da bi pustilo sled; poleg tega velike in lepe stvari od nas zahtevajo tisto najboljše, zato se ne želimo prenagliti. Globlji razlog pa je skrivnostnejši in hkrati preprostejši: Bog nas išče in mi si želimo živeti z njim. Navadno tis-to, kar nam vzbuja strah, ni Bog, pač pa mi sami. Skrbi nas naša krhkost ob s stiku s tako neizmerno Ljubeznijo: morda si mislimo, da ne bomo zmogli biti na njeni ravni.

Ko Peter vpraša Jezusa, »kaj bomo prejeli«; ko sv. Jožefmarija vpraša Jezusa, »kaj bo z nami«;

ko kristjan vpraša Jezusa, »kaj bo z menoj«, če grem po tej poti – kaj odgovori Gospod? Jezus nam pogleda v srce in nam z glasom, polnim naklonjenosti in veselja, pove, da je vsak izmed nas božja stava in da Bog nikdar ne izgubi tega, na kar je stavil. Živeti pomeni sprejeti pustolovščino, tveganje, omejitve, izzive, trud, izstopiti iz našega majhnega sveta, ki ga obvladujemo, in odkriti lepoto, ki jo prinaša posvečanje življenja nečemu, kar je večje od nas in kar več kot obilno poteši našo željo po sreči. Lahko si predstavljamo Jezusov hrepeneči pogled, ko izreče besede, ki so in bodo odmevale v mnogih srcih: »Kdor je zapustil hiše ali brate ali sestre ali očeta ali mater ali otroke ali njive zaradi mojega imena, bo prejel stokratno in dobil v delež večno življenje« (Mt 19,29). Bog vedno daje *na polno*.

Nikakor pa ne gre čakati na kakšno dih jemajoče razodetje ali načrt, ki bi bil izdelan do zadnje potankosti. Bog je pomislil na nas, vendar računa tudi na našo pobudo. »Ko se neka oseba znajde v negotovosti glede možnosti posebnega, njej namenjenega božjega klica, je nedvomno treba prositi Svetega Duha za 'luč, da bi videla' svoj poklic. Če pa ta oseba sama in tisti, ki imajo nalogo sodelovati pri poklicnem razločevanju (duhovno vodstvo idr.), ne vidijo ničesar, kar bi temu objektivno nasprotovalo, in če je božja previdnost [...] osebo pripeljala do te izkušnje, potem je poleg tega, da še naprej prosimo Boga za 'luč, da bi videli', pomembno – menim, da še bolj pomembno – prositi Ga za 'moč, da bi hoteli', da bi se s to močjo, ki povzdigne svobodo, v času izoblikoval sam večni poklic.«[2]

Nismo sami: Cerkev je pot

V tem procesu razločevanja svoje poklicanosti nismo sami, saj se vsak krščanski poklic rodi in raste v Cerkvi. Po njej nas Bog privlači k sebi in nas kliče, Cerkev sama pa nas sprejema in spremlja na naši poti k Bogu.

Cerkev privlači. Skozi zgodovino Bog uporablja ljudi, ki s svojim življenjem za seboj pustijo globoko brazdo in drugim začrtajo poti za njihovo izročitev. Njihovo življenje, ideali in nauki nas navdihujejo in pretresajo: izvabljajo nas iz naše sebičnosti in nas kličejo k polnejšemu življenju, k življenju ljubezni. Ta klic je del božjih načrtov, spada v delovanje Svetega

---

[2] Fernando Ocáriz, *La vocación al Opus Dei como vocación en la Iglesia*, v: *El Opus Dei en la Iglesia*, Rialp, Madrid 1993, str. 153.

Duha, ki nam pripravlja pot.

Cerkev kliče. Bog »nas ne prosi za dovoljenje, da bi nam *zakompliciral življenje.* On samo vstopi in … to je to!«[3] Zato računa s tem, da si bodo njegovi otroci upali drug drugega povabiti k resnemu razmisleku o možnosti, da bi mu izročili svoje življenje. Jezus Kristus je božje kraljestvo primerjal z veliko gostijo, na kateri si želi udeležbe vseh ljudi, tudi tistih, za katere se je sprva zdelo, da niso povabljeni (Lk 14,15-24). Dejansko se Bog običajno zanaša na neko *zunanje povabilo,* da bi njegov glas zazvenel v človekovem srcu.

Vsi krščanski poklici, če naletijo na ljubezni poln odgovor, vodijo k svetosti. Zato je najboljši poklic za vsakega posameznika njegov lastni poklic. Vendar pa ni nobena pot *vnaprej* zaprta. Življenje kot pot proti Bogu v zakonu ali v celibatu je spočetka na voljo vsem. Naša biografija, naša osebna zgodovina, izrisuje našo pot in nas postavlja na takšna ali drugačna razpotja. Izbira je odvisna od osebne svobode: gre za to, za izbiro. Kristus hoče, da bi bili svobodni: »Če hoče kdo iti za menoj« … (Mt 16,24); »če hočeš biti popoln« … (Mt 19,21).

---

[3] Sv. Jožefmarija, *Kovačnica*, št. 902.

Ampak kaj človeka privede do tega, da med vsemi možnimi poklici izbere nek določen poklic? Svoboda išče široka obzorja, božanska obzorja, obzorja ljubezni. Sveti Ignacij Antiohijski je dejal, da »krščanstvo ni stvar prepričevanja, ampak veličastja«.[4] Dovolj je, da ga s svojim življenjem in besedo predstavimo v vsej njegovi lepoti in preprostosti, da bo s svojo lastno močjo pritegnilo duše, če se le odprejo Kristusovemu pozivu (prim. Mr 10,21). Nekaj zelo intimnega in globokega v človeku, kar je celo njemu samemu nekoliko neznano in skrivnostno, odmeva in pride v sozvočje s tem predlogom o poti znotraj Cerkve. Že Grki so trdili, »da se podobno spoznava s podobnim«.[5] Pristno življenje drugih kristjanov nas vabi, da se približamo Jezusu in mu izročimo svoje srce. V ljudeh, ki so v naši bližini, vidimo zgled in pomislimo: »Morda pa bi tudi jaz …« Tako se uresničujejo evangeljske besede »pridi in poglej« (Jn 1,46), ki nas pozivajo tukaj in zdaj.

Cerkev sprejema in spremlja. Vsak normalen človek se lahko, ne da bi izkusil kak poseben klic, poda v življenje služenja, razdajanja: v

---

[4] Sv. Ignacij Antiohijski, *Pismo Rimljanom*, 3, v: *Spisi apostolskih očetov*, Mohorjeva družba, Celje 1996, str. 153.
[5] Aristotel, *O duši*, I, 2, Slovenska matica, Ljubljana 2002, str. 76.

celibatu ali zakonu, v duhovništvu, v redovniškem stanu. Razločevanje o tem, kateri je posameznikov poklic, se bo opiralo na pravilni namen te osebe, na njeno zmožnost in primernost.

To razločevanje potrebuje pomoč drugih, zlasti duhovno vodstvo. Po drugi strani pa zahteva tudi presojo tistih, ki vodijo cerkveno ustanovo, za katero v konkretnem primeru gre. K poslanstvu Cerkve, da sprejema, sodi namreč tudi skrb, da vsakdo najde svoje mesto. Pomislimo, kakšen božji blagoslov je to, da je v trenutku načrtovanja našega življenja navzoč nekdo, ki mu lahko zaupamo in ki prav tako zaupa nam. Da nam drugi ljudje, ki dobro poznajo našo osebnost in naš položaj, lahko po svoji vesti zatrdijo: Kar pogumno, saj zmoreš, imaš pogoje ali talente, potrebne za to poslanstvo, ki je morda tvoje in ki ga lahko sprejmeš, če to zares hočeš. Ali pa nam lahko prav tako po svoji vesti rečejo: Morda to ni tvoja pot.

Poklicanost je vedno *win-win situacija*, v kateri zmagata obe strani. To je najboljše za oba, ki sta v odnosu: za posameznika in cerkveno ustanovo. Bog Oče s svojo ljubečo previdnostjo spremlja vsako od teh osebnih zgodb. Sveti Duh je storil, da so v Cerkvi vzniknile ustanove in poti svetosti, ki služijo kot struga in pomoč posameznim osebam. Sveti Duh pa je tudi tisti, ki določene ljudi v nekem trenutku njihovega življenja spodbudi, da s svojo izročitvijo te struge v Cerkvi poživijo.

Skok vere: zaupanje v Boga

Ob pogledu na množico, ki je prihajala k Jezusu, se ta obrne k Filipu in ga vpraša: »Kje naj kupimo kruha, da bodo tile jedli?« (Jn 6,5). Apostolom je jasno, da glede lakote tolikšnega števila ljudi sami ne morejo storiti ničesar. Na razpolago imajo le »pet ječmenovih hlebov in dve ribi«, ki jih je priskrbel neki tam navzoči deček. Jezus vzame te hlebe ter nahrani vso množico in živeža je več kot dovolj, tako da reče učencem: »Poberite koščke, ki so ostali, da se kaj ne izgubi.« Samo Jezus lahko doseže, da se nič od našega življenja ne izgubi in da koristi vsemu človeštvu, vendar mu moramo zaupati vse, kar imamo. Potem dela čudeže in prvi prejemniki teh dobrobiti smo mi sami.

Če zaupamo v Boga in mu odpremo vrata svojega življenja, nas bo skupaj z njim prevzelo sočutje do množice, ki je lačna Njega in podobna ovcam brez pastirja. In spoznali bomo, da računa na nas, da bi vsem tem ljudem prinašali njegovo ljubezen. Končno pa bomo začutili spodbudo, da se zaženemo, saj je to nekaj, kar presega vse, kar bi si lahko sami kdaj zamislili; da se zaženemo v zavedanju, da bomo z božjo pomočjo zmogli hoditi naprej, tako da se prepustimo njegovim rokam in popolnoma zaupamo Njemu. Ker pa se Bog ne vsiljuje, je potreben *skok vere*: »Zakaj se že končno ne izročiš Bogu enkrat za vselej … zares … takoj zdaj?!«[6]

Seveda je treba stvar dobro premisliti. To je čas, ki ga Cerkev imenuje čas razločevanja. Vendar se je treba zavedati, da »razločevanje ni domišljavo samospraševanje ali sebično opazovanje, ampak resnični izhod iz nas samih naproti skrivnosti Boga, ki nam pomaga živeti poslanstvo, h kateremu nas je poklical v korist bratov«.[7] Poklicanost pomeni, da gremo ven iz sebe, da zapustimo svoje območje udobja in lastne varnosti.

Pri skoku s padalom je ključnega pomena, da padalo deluje in se odpre, tako da se lahko gladko spustimo in pristanemo. Toda najprej je

---

[6] Sv. Jožefmarija, *Pot*, št. 902.
[7] Frančišek, apost. spod. *Gaudete et exsultate* (19. 3. 2018), št. 175.

treba iz letala skočiti, ne da bi odprli padalo. Podobno tudi poklic pomeni živeti z zaupanjem v Boga, ne pa v lastno gotovost. O modrih z Vzhoda pravi sv. Janez Zlatousti: »Ko so bili v Perziji, so videli zvezdo, ko pa so Perzijo zapustili, so zagledali Sonce pravičnosti«; ampak »če ne bi odločno zapustili svoje dežele, potem v prihodnje tudi zvezde ne bi mogli več videti«.[8]

»Veš, da tvoja pot ni jasna. – Zaradi tega, ker ne slediš Jezusu od blizu in ostajaš v temi. – Zakaj odlagaš svojo odločitev?«[9] Samo če pot izberem, jo lahko prehodim in živim to, kar sem izbral. Da bi videli zvezdo, se je treba odpraviti na pot, kajti božji načrti nas vedno presegajo, segajo onkraj nas samih. Le z zaupanjem vanj postanemo tega zmožni. Na začetku človek ne zmore: mora še zrasti. Da pa bi rasli, je treba verjeti: »Brez mene ne morete storiti ničesar« (Jn 15,5), z menoj pa zmorete vse.

Zato se motijo tisti, ki vso mladost prebijejo v čakanju na dokončno razsvetljenje o svojem življenju, ne da bi se za karkoli odločili. S tem je povezana tudi neka posebna omejitev, ki je dandanes navzoča: človek naredi toliko *selfijev*, vidi se na toliko fotografijah, da morda misli,

---

[8] Sv. Janez Zlatousti, *Homilías sobre san Mateo*, VII. 5 (PG 57, c. 78).
[9] Sv. Jožefmarija, *Pot*, št. 797.

da se že popolnoma pozna. Da pa bi zares našli svojo istovetnost, je treba ponovno odkriti tisto, česar v svojem življenju *ne vidimo*: vse, kar je v njem *skrivnost*, božja navzočnost in ljubezen do vsakogar izmed nas. Živeti pomeni odkriti in se z zaupanjem prepustiti tej skrivnosti ter sprejeti neko logiko in neke razloge, ki jih ne moremo povsem doumeti.

Božje zgodbe se začnejo z majhnimi koraki. Toda pot zaupanja, ki tvega vse, vodi do uresničitve največjih sanj, božjih sanj. Ko se kot dobri božji otroci pustimo voditi Svetemu Duhu (prim. Rim 8,14), naše življenje poleti navzgor. To je pot modrih; pot sv. Marije, deklice, ki postane Božja Mati; in Jožefa, tesarja, ki ga Bog sprejme kot očeta; pot apostolov, ki po začetnih dvomih in napakah postanejo stebri, na katerih je zgrajena Cerkev … ter pot številnih kristjanov, ki hodijo pred nami in nas spremljajo. Le kdo bi na začetku svojega življenja pomislil na takšno skrivnost? Jasno postane šele na koncu. Dospeti do konca pa je mogoče zato, ker je na začetku vsakdo znal zapustiti svojo lažno gotovost in se vreči »v močne roke svojega očeta« Boga.[10]

---

[10] Prim. sv. Jožefmarija, *Križev pot*, 7. postaja.

Ko torej razločevanje napreduje in konkre-
ten poklic dobiva jasnejše obrise, se za nadalje-
vanje poti pokaže potreba po začetnem skoku
vere: potreba po tem, da rečeš »da«. Razloče-
vanje se lahko dokonča le na ta način, zato je
Cerkev v svoji večstoletni modrosti predvidela
vrsto stopenj, ki jim je treba postopoma sledi-
ti, da bi se prepričali o primernosti oseb za vsa-
ko konkretno poklicno pot. Ta način ravnanja
prinaša veliko miru v srcu in krepi odločitev
za zaupanje v Boga, ki vsakega posebej vodi
k darovanju samega sebe. V Boga ne dvomi-
mo, dvomimo pa vase, zato zaupamo vanj in
v Cerkev.

Z naše strani velja razmisliti o vsem, kar
smo in kar veljamo, da bi tako kot v priliki
o talentih (prim. Mt 25,14-30) lahko izroči-
li vse, ne da bi karkoli zadržali zase, ne da bi
se pogajali ali s komerkoli delili. To je ključ
do zrele in iskrene odločitve: pripravljenost
na popolno izročitev, na popolno predanost
božjim rokam brez kakršnihkoli pridržkov, in
spoznanje, da nas ta podaritev navdaja z mi-
rom in veseljem, ki ne izhajata iz nas samih.
Tako se lahko ukorenini globoko prepričanje,
da smo našli svojo pot.

* * *

V trenutku razločevanja svoje poklicanosti Marija vpraša angela: »Kako se bo to zgodilo, ko ne poznam moža?« (prim. Lk 1,34 sl.). Angel je odposlanec, posrednik, ki kliče skladno z božjim glasom. Marija ne postavlja nobenih pogojev, pač pa vpraša, da bi se prav odločila. Angel ji zagotovi: Sveti Duh bo to storil, kajti to, kar sem ti povedal, te presega, toda »Bogu ni nič nemogoče« (v. 37). Če se celo Marija, naša Mati, sprašuje, kako razumljivo je potem, da vsak kristjan koga vpraša za nasvet, ko doživlja notranji vzgib božje ljubezni: Kaj naj storim, da bi mu izročil svoje življenje? Kje misliš, da bom našel pot do sreče? Kako čudovito je, če si pustimo svetovati, da bi mogli s sijočo svobodo in polni zaupanja v Boga reči »da«; da bi vse položili v njegove roke: »Zgôdi se mi po tvoji besedi.«

III

ZVESTOBA

»Postavil sem vas, da greste in
obrodite sad in da vaš sad ostane.«

10

SMO APOSTOLI!

Kafarnaum je kraj, kjer se prične pusto-
lovščina, ki jo je na svetu začel Jezus Kristus.
Vemo, da so vsaj štirje od dvanajstih apostolov
bili ribiči v tem mestu. »Ob stari barki [so] kr-
pali raztrgane mreže. Gospod jim je rekel, naj
hodijo za njim; in oni so *statim* – takoj, *relictis
omnibus* – pustili vse, vse (!) in šli za njim …«[1]

Jezus tiste prve učence pokliče z besedami, s
katerimi zastavi načrt, ki bo za vedno spreme-
nil tok zgodovine: »Hodite za menoj in naredil
vas bom za ribiče ljudi!« (prim. Mr 1,16-17).
Ne dá jim več podrobnosti. Še naprej bodo
ribiči, toda odslej bodo lovili druge vrste *rib*.
Spoznali bodo druga *morja*, vendar ne bodo
izgubili tega, kar so se pri svojem delu nauči-
li. Prišli bodo dnevi, ko bo pihal ugoden ve-
ter in bo ulov obilen, prestajali pa bodo tudi

---

[1] Sv. Jožefmarija, *Kovačnica*, št. 356.

manj sijajne trenutke, ko ne bodo ujeli ničesar ali pa bo ulov tako skromen, da se bodo ob vrnitvi na obrežje počutili praznih rok. Toda odločilna ne bo količina ulova oziroma tisto, kar ljudje ocenjujejo kot uspeh ali poraz; zares pomembno je to, kar bodo postali. Jezus od vsega začetka hoče, da se zavedajo svoje nove istovetnosti, kajti ni jih sklical zgolj zato, da bi *nekaj naredili* – opravili neko lepo nalogo, nekaj izrednega –, temveč zato, da bi *bili nekdo*, ki vrši poslanstvo: biti *ribiči ljudi*.

Vse delam zaradi evangelija

Odgovor na božji klic preoblikuje našo istovetnost: »To [je] nov pogled na življenje,« je govoril sv. Jožefmarija. Zavedanje, da nas sam Jezus vabi k sodelovanju pri svojem poslanstvu, v človeku vžge željo, »da svoje najplemenitejše moči posveti neki dejavnosti, ki s prakso prevzame raven službe«. Na ta način nas polagoma »poklic […] vodi k temu, da – nezavedoma – zavzamemo v življenju položaj, ki ga bomo z navdušenjem in veseljem polni upanja ohranjali vse do trenutka smrti. To je fenomen, ki delu dodeli pomen poslanstva.«[2]

---

[2] Sv. Jožefmarija, *Pismo 9. 1. 1932*, št. 9.

In ta naloga, ki nas osrečuje, počasi oblikuje slog našega življenja in ravnanja, naš pogled na svet.

Msgr. Ocáriz je na to spomnil na zgovoren način: »Ne opravljamo apostolata, ampak smo apostoli!«[3] Apostolsko poslanstvo ne zavzema zgolj določenih trenutkov ali nekaterih vidikov našega osebnega življenja, temveč vpliva na vse: ima 360-stopinjski doseg. Sveti Jožefmarija je ljudi v Delu spominjal na to od vsega začetka: »Ne pozabite, otroci moji, da nismo duše, ki bi se pridružile drugim dušam zato, da bi storili nekaj dobrega. To je veliko …, pa vendar malo. Smo apostoli, ki *izvršujejo Kristusov ukaz.*«[4]

»Gorje meni, če evangelija ne bi oznanjal!« piše sv. Pavel (prim. 1 Kor 9,16-23) – to prihaja naravnost iz globine njegove duše. Za njega je ta zagon ljubezni hkrati povabilo in dolžnost: »Če namreč oznanjam evangelij, nimam pravice, da bi se ponašal, saj je to zame nujnost.« Zato si prizadeva le za eno plačilo, ki je v tem, »da zastonj oznanja evangelij«, saj se počuti kot »služabnik vseh, da bi jih čim več pridobil«. Večkrat razkrije svoje srce: on je

---

[3] Fernando Ocáriz, Pismo, 14. 2. 2017, št. 9.
[4] *Navodilo 19. 3. 1934, št. 27* (ležeči tisk je del izvirnika).

zadnji med apostoli, nevreden in brez zaslug, vendar *je* apostol. Zato zanj ni okoliščine, ki bi ne bila apostolska, in tako more zatrditi: »Vse delam zaradi evangelija.« To je njegovo predstavitveno pismo in tako opredeli samega sebe: »Pavel, služabnik Kristusa Jezusa, poklican za apostola, odbran za božji evangelij« (Rim 1,1).

Podobno tudi za kristjana apostolat ni zgolj neka *zadolžitev*, ni preprosto naloga, za katero bi bilo potrebnih nekaj ur, niti ni neko pomembno opravilo, temveč je potreba, izvirajoča iz srca, ki je postalo »eno telo in en duh«[5] z Gospodom, z vso njegovo Cerkvijo. Biti apostol »ni in ne more biti častni naziv, temveč na konkreten in tudi dramatičen način prevzame celoto posameznikovega bivanja«.[6] Včasih bomo potrebovali spodbudo sočloveka, včasih bomo povprašali za nasvet, da bi pri svojem prizadevanju za evangelizacijo presodili prav. V vsakem primeru pa vemo, da je naš klic božji dar, in zato Gospoda prosimo, naj apostolat priteka iz našega srca, kakor voda iz izvira (prim. Jn 4,14).

---

[5] *Rimski misal*, 3. evharistična molitev.
[6] Benedikt XVI., Avdienca, 10. 9. 2008.

Sol, luč in kvas sveta

Da bi svojim učencem razložil vlogo, ki jo bodo vršili na svetu, je Gospod pogosto uporabljal prilike. »Vi ste sol zemlje, […] vi ste luč sveta,« jim je rekel ob neki priložnosti (prim. Mt 5,13-14). Drugič jim je spregovoril o kvasu, o tem, kako že majhna količina prekvasi vse testo. Takšni bodo namreč morali biti Jezusovi apostoli: sol, ki razveseljuje; luč, ki usmerja; kvas, ki povzroči naraščanje. In to je sv. Jožefmarija videl v apostolatu svojih hčera in sinov: »Imaš božji klic na neko konkretno pot: da si navzoč na vseh križpotjih sveta, medtem ko si sam potopljen v Boga. In da si kvas, da si sol, da si luč sveta. Da bi svetil, da bi dajal okus, da bi prinašal vzhajanje, naraščanje.«[7]

Verniki Opus Dei, tako kot mnogi drugi običajni kristjani, opravljajo svoj apostolat sredi sveta na naraven in obziren način. Čeprav je bilo to včasih povod za nerazumevanja, se v resnici zgolj trudijo uresničevati te Gospodove prilike v svojem življenju. Sol se dejansko ne vidi, če je dobro, brez grudic primešana hrani; tako daje okusnost živilu, ki bi brez nje bilo pusto, tudi če je dobre kakovosti. Podobno

---

[7] Sv. Jožefmarija, Zapiski z meditacije, april 1955.

velja za kvas: ta daje kruhu prostornino, ne da bi bil opažen. Luč pa se namesti »na podstavek in sveti vsem«, vselej »pred ljudmi« (Mt 5,15-16), vendar ne usmerja pozornosti nase, ampak na tisto, kar osvetljuje. Kristjan je rad z drugimi, z njimi deli svoja hrepenenja in načrte. Še več, »počutiti se moramo nelagodno, kadar nismo – kot Kristusova sol in luč – med ljudmi«.[8] Ta odprtost tudi pomeni navezovati stike s tistimi, ki ne mislijo tako kot mi, v želji, da bi v srcih pustili *božjo sled*,[9] kakor nam bo On sam dal razumeti: včasih tako, da zanje zmolimo preprosto molitev, včasih s konkretno besedo, s prijazno gesto …

Apostolske učinkovitosti nekega življenja ni mogoče številčno ovrednotiti. Mnogi sadovi ostanejo v senci in zanje v tem življenju ne bomo izvedeli. Kar lahko prispevamo s svoje strani, je naša vedno nova želja, da bi živeli tesno združeni z Gospodom; da bi hodili »skozi življenje kot apostoli: z božjo lučjo, z božjo soljo. Brez strahu, naravno, toda s takšnim notranjim življenjem, tako zedinjeni z Gospodom, da bomo svetili, da bomo pregnali

---

[8] Sv. Jožefmarija, *A solas con Dios*, št. 273, (AGP, *Biblioteca*, P10).
[9] Prim. Javier Echevarría, Homilija, 5. 9. 2010.

pokvarjenost in temo«.[10] Bog sam bo napravil naše napore rodovitne in ne bomo se ustavljali ob razmišljanju o naši krhkosti ali o zunanjih težavah: češ, da je naloga prevelika, da nas množice komajda razumejo, da nas je kdo začel kritizirati, da je pot težavna, da ne morem veslati proti temu viharnemu toku …

Z lastnim pogonom

Če si ogledamo seznam dvanajsterih apostolov, nas preseneti, kako so med seboj različni ter imajo tudi zelo izstopajoče značaje. Isto se zgodi, ko pomislimo na svetnike in svetnice, ki jih je kanonizirala Cerkev. In spet je tako, ko gledamo življenja mnogih običajnih ljudi, ki hodijo za Gospodom z nevpadljivo, toda stalno predanostjo. Vsi drugačni, istočasno pa vsi apostoli, zvesti, zaljubljeni v Gospoda.

Ko se izročimo Bogu, ne zavržemo bogastva svoje lastne osebnosti. Prav nasprotno, kajti »Gospod misli na vsakogar izmed vas kot na svojega osebnega prijatelja, ko misli na to, kaj ti želi podariti. In če ima v načrtu, da ti podari milost […], bo to gotovo nekaj, kar te bo razveseljevalo v največji globini in te bo

---

[10] Sv. Jožefmarija, *Kovačnica*, št. 969.

navduševalo bolj kot karkoli drugega na tem
svetu. Ne zato, ker naj bi bilo to, kar ti daje,
neka izredna ali nenavadna karizma, ampak
zato, ker bo prav po tvoji meri, po meri vse-
ga tvojega življenja.«[11] In zaradi tega, kdor se
odloči hoditi za Gospodom, z leti opazi, kako
z osebnim prizadevanjem združena milost
preoblikuje celo njegov značaj, tako da mu je
lažje ljubiti in služiti vsem ljudem. To ni sad
voluntarističnega vsiljevanja nekega ideala po-
polnosti, pač pa sta to vpliv in strast, ki ju v
apostolovo življenje prinaša Jezus Kristus.

Kmalu po tem, ko je bil izvoljen za prelata,
so Javierja Echevarrío vprašali, ali je imel svoje
lastno življenje: »Ste vi lahko bili vi?« Njegov
odgovor je ganljiv; to so besede nekoga, ki se
ozre nazaj, v svoje življenje, in vidi, kaj je v
njem storil Bog. »Da, imel sem svoje lastno
življenje. Nikoli si niti v sanjah nisem predsta-
vljal, da bi mogel svoje življenje uresničiti na
tako ambiciozen način. Če bi živel po svoje, bi
bila moja obzorja mnogo ožja in doseg mojega
lêta mnogo krajši […]. Kot človek svojega časa,
kot kristjan in kot duhovnik, sem ambiciozno
uresničena oseba. In moje srce je odprto za ves

---

[11] Frančišek, apost. spod. *Christus vivit* (25. 3. 2019), št. 287.

svet – po zaslugi dveh ljudi, ob katerih sem živel [sv. Jožefmarija in bl. Álvaro], dveh ljudi izjemnega duha, krščansko izjemnega duha.«[12]

Kdor je poslan po Kristusu in mu dopusti, da prevzame krmilo njegovega življenja, ne more pozabiti, da On pričakuje *globoko svoboden* odgovor. Svoboden odgovor, ki je osvobojen predvsem naše sebičnosti, našega napuha in naše želje po blestenju; in ki je svoboden tudi zato, da lahko temu služenju posvetimo vse svoje talente, svojo iniciativnost, svojo ustvarjalnost. Zaradi tega je sv. Jožefmarija pravil, da »je ena najočitnejših značilnosti duha Opus Dei ljubezen do svobode in razumevanja«.[13]

Obenem pa ta svoboda ni »ravnanje v smeri osebnih kapric in odpor do kakršnihkoli pravil«,[14] kakor da bi vse, kar ne izvira iz nas, bila nekakšna prisila, katere bi se bilo treba znebiti. Gre namreč za to, da delujemo z istim Duhom, ki je gnal Jezusovo delovanje: »Nisem prišel iz nebes, da bi uresničil svojo voljo, ampak voljo tistega, ki me je poslal« (Jn 6,38). Če bi apostolat obravnavali zgolj kot še eno *dejavnost* več,

---

[12] Pogovor P. Urbano s Javierjem Echevarrío, *Época*, 20. 4. 1994.
[13] Sv. Jožefmarija, *Pismo 31. 5. 1954*, št. 22.
[14] Fernando Ocáriz, Pismo, 9. 1. 2018, št. 5.

bi tvegali, da nas ob napotkih oseb, ki koordi-
nirajo apostolske iniciative, prevzame utesnje-
nost. Nasprotno pa nekdo, ki se čuti poslanega
od Gospoda, uživa ob pomoči in spodbudi, ki
mu jo Bog pošilja po svojih številnih orodjih.
Živeti v svobodi duha pomeni pustiti Svetemu
Duhu, da nas On oblikuje in vodi ter da pri
tem uporablja tudi tiste, ki jih je On postavil
v našo bližino.

Svoboda duha človeka vodi, da se na takšne
ali drugačne potrebe apostolskega poslanstva
odziva z *lastnim pogonom*. Z lastnim pogo-
nom, to se pravi ne s pasivnim sprejemanjem,
ampak s prepričanjem, da je to *tisto*, kar Gos-
pod od nas pričakuje v tem trenutku, kajti to
je *tisto*, kar pritiče apostolom, kakršni smo.
Tako bomo v drobnih dogodkih svojega dne
nenehno lahko zaznavali sveži dih Duha, ki
nas žene, naj odrinemo »na globoko« (Lk 5,4),
da bi skupaj z Njim nadaljevali čudovito zgod-
bo božje ljubezni do nas.

Če bi naše poslanstvo bilo *opravljati apos-
tolat*, bi ga lahko pustili ob strani, kadar ima-
mo veliko dela ali ko nastopi bolezen, ali pa bi
lahko imeli tudi *apostolske počitnice*. Vendar pa
smo apostoli! To je naše življenje. Zato bi bilo

nesmiselno, če bi stopili ven na ulico, evan-
gelizacijsko gorečnost pa pustili doma v sobi.
Poslanstvo zagotovo od nas pogosto zahteva
napor in potreben je pogum, da premagamo
svoje strahove. Toda ta notranji upor nas ne
sme vznemirjati, kajti Sveti Duh tistim, ki so
mu poslušni, daje, da v njihovih srcih raste
pristna spontanost in apostolska ustvarjalnost.
Ko se nekdo poistoveti z našim poslanstvom,
tedaj vse postane priložnost za apostolat.

Takrat se človek začne »zavedati, da se na-
haja v prednjih četah, kakor predstraža«,[15] in
to ga spodbuja k »bedenju iz ljubezni, v nape-
tosti […] in prizadevnem delu«.[16] *Bedenje*, ki
izvira *iz ljubezni* in ki zato ne pomeni tesnobe
ali živčnosti. V rokah imamo nalogo, ki nas
navdušuje, ki nas osrečuje in v naši okolici širi
srečo. Delamo v Gospodovem vinogradu in
vemo, da je to delo njegovo. Če se kdaj v dušo
prikrade določen nemir ali pretirana napetost,
bo to trenutek, da se približamo Njemu in mu
rečemo: To počnem zate, pomagaj mi delati v
miru in z gotovostjo, da vse to uresničuješ Ti.

---

[15] Sv. Jožefmarija, *Pismo 31. 5. 1954*, št. 16.
[16] Prav tam.

Božja luč, ki daje toplino

Ko v priliki o veliki gostiji gospodar spozna, da so se nekateri povabljenci opravičili, ukaže služabniku, naj pripelje »uboge in pohabljene, slepe in hrome« (Lk 14,21). Dvorana se precej zapolni, a še vedno ostane nekaj prostora. Tedaj reče služabniku: »Pojdi na pota in vzdolž ograj in prisili ljudi, naj vstopijo, da se napolni moja hiša« (Lk 14,23). »Prisili, naj vstopijo« – *compelle intrare* – tolikšno stopnjo doseže moč njegove želje.

Ukaz je neizpodbiten, kajti klic k zveličanju je namenjen vsem ljudem. Sveti Jožefmarija je ta ukaz razumel takole: »To ni fizičen sunek, marveč obilje luči, nauka; duhovna spodbuda vaše molitve in vašega dela, ki je pristno pričevanje o nauku; množica žrtev, ki jih izročate Bogu; nasmeh na vaših ustnicah, ker ste božji otroci: otroštvo, ki vas – kljub težavam v vašem življenju – navdaja z umirjeno srečo, ki jo drugi vidijo in zavidajo. Dodajte vsemu temu še svojo priljudnost in človeško simpatičnost in dobili bomo to, kar pomeni *compelle intrare*.«[17] Ne gre torej za to, da bi kogarkoli silili, temveč za vsakokrat novo kombinacijo

---

[17] Sv. Jožefmarija, *Pismo 24. 10. 1942*, št. 9; prim. *Božji prijatelji*, št. 37.

molitve in prijateljstva, pričevanja in veliko-
dušne žrtve … za veselje, ki ga z nekom de-
limo, za simpatijo, ki pritegne in ohranja vso
svobodo.

Bog deluje »s pomočjo privlačnosti«,[18] duše
spodbuja z veseljem in življenjskim čarom
drugih kristjanov. Zato je apostolat prekipeva-
joča ljubezen. Srce, ki zna ljubiti, zna pritegni-
ti: »Mi ljudje pritegnemo s srcem,« je govoril sv.
Jožefmarija, »zato prosim Boga, da bi vsi imeli
zelo veliko srce. Če ljubimo duše, jih bomo
tudi pritegnili.«[19] Zares, nič ni tako privlač-
no kot pristna ljubezen, še zlasti v času, ko je
toplina božje ljubezni za marsikoga nekaj ne-
poznanega. Resnično prijateljstvo je dejansko
»način izvrševanja apostolata, ki ga je sveti
Jožefmarija našel v evangeljskih besedilih«:[20]
Filip je pripeljal Natanaela, Andrej je pripeljal
Petra in gotovo so morali biti dobri prijatelji
tisti, ki so k Jezusu prinesli hromega, ki se ni
mogel premakniti s svoje postelje.

»V kristjanu, v božjem otroku, sta prija-
teljstvo in ljubezen eno: božja luč, ki daje
toplino.«[21] Imeti prijatelje zahteva stalnost,

18 Benedikt XVI., Homilija, 13. 5. 2007; Frančišek, Homilija, 3. 5. 2018.
19 Sv. Jožefmarija, Zapiski z družinskega srečanja, 10. 5. 1967.
20 Fernando Ocáriz, Pismo, 14. 2. 2017, št. 9.
21 Sv. Jožefmarija, *Kovačnica*, št. 565.

osebni stik; zgled in iskreno lojalnost; prip-
ravljenost pomagati, se medsebojno podpirati;
poslušanje in empatijo – sposobnost prevzeti
nase potrebe drugega. Prijateljstvo ni orodje
za apostolat, ampak je apostolat sam v svojem
bistvu prijateljstvo: zastonjskost, želja po živ-
ljenju skupaj z drugimi. Seveda si želimo, da
bi se naši prijatelji približali Gospodu, vendar
smo tudi pripravljeni na to, da se to zbliža-
nje zgodi, ko in kakor bo Bog hotel. Čeprav
je razumljivo, da si apostol prizadeva za dobre
rezultate svojega dela in da ocenjuje, kakšen
vpliv na druge ima njegovo prizadevanje, pa
nikdar ne sme pozabiti, da so apostoli ostali
z Jezusom tudi takrat, ko so skoraj vsi drugi
odšli (prim. Jn 6,66-69). Čez čas bodo že prišli
tudi sadovi (prim. Apd 2,37-41).

Nekoč je neki mladenič vprašal svetega
Jožefmarija: »Oče, kaj moramo storiti, da bi
zažvižgalo[22] mnogo ljudi?« Sveti Jožefmari-
ja mu je brž odvrnil: »Veliko molitve, zvesto
prijateljstvo in spoštovanje svobode.« Mlade-
niču se je odgovor zdel nekako skromen in je
dodal: »Ampak, oče, ali ne bo na ta način šlo

---

[22] V madridskem pogovornem jeziku iz sredine prejšnjega stoletja je »za-
žvižgati« (*pitar*) pomenilo dobro delovati. Sv. Jožefmarija je s tem izrazom
označeval trenutek, ko nekdo zaprosi za sprejem v Opus Dei. Odtlej se je ta
beseda v Delu ustalila kot del domače govorice.

prepočasi?« »Ne, kajti poklic je nadnaraven,«
je odgovoril sv. Jožefmarija ter pri tem podalj-
šal vsak zlog. »Dovolj je bil trenutek, da je Sa-
vel postal Pavel. Potem tri dni molitve in spre-
menil se je v strastnega Jezusovega apostola.«[23]

Bog je tisti, ki kliče, in Sveti Duh je tisti, ki
nagiba srce. Apostol svoje prijatelje spremlja z
molitvijo in žrtvijo, brez vznemirjanja, kadar
so njegovi predlogi zavrnjeni, in brez razbur-
janja, kadar si kdo ne pusti pomagati. Pravi
prijatelj se opira na tisto, kar je v sočloveku
trdno, da bi mu pomagal rasti. Marsikdaj se
vzdrži tega, da bi kritiziral njegove odločit-
ve; ve, kdaj je treba molčati in kdaj je treba
pritisniti na drug način, ne da bi to drugemu
postalo obremenjujoče, brez očitanja. Osredo-
toča se na zaupanje in zavezanost temu, kar je
v vsakem posamezniku najboljše. Tako ravna
Bog in tako hoče, da ravnajo njegovi otroci.

Ne da bi postali nadležni, bomo z nasme-
janim obrazom znali ljudem na uho šepniti
primerno besedo, tako kot je delal tudi Gos-
pod. In brez prestanka bomo v sebi gojili živo
željo, da bi ga spoznalo mnogo ljudi: »Ko ti
in jaz, ko božji otroci gledamo ljudi, moramo

---

[23] Sv. Jožefmarija, Zapiski z družinskega srečanja, 24. 4. 1967.

misliti na duše: To je duša, si moramo reči, ki ji je treba pomagati; duša, ki jo je treba razumeti; duša, s katero je treba živeti; duša, ki jo je treba rešiti.«[24]

---

[24] Sv. Jožefmarija, Meditacija, 25. 2. 1963.

11

S Kristusom na poti
do polnosti ljubezni

»Ker je vzljubil svoje, ki so bili na svetu, [je] tem izkazal ljubezen do konca« (Jn 13,1). S takšnim uvodom sv. Janez v svojem evangeliju spregovori o nezaslišanem dejanju, ki ga je Jezus storil pred začetkom pashalne večerje. Ko so bili že vsi zbrani, »je vstal od večerje, odložil vrhnje oblačilo, vzel platno in se z njim opasal. Nato je vlil vode v umivalnik in začel učencem umivati noge in jih brisati s platnom, s katerim je bil opasan (Jn 13,4-5).

Jezus umiva noge apostolom – krhkim možem, izbranim, da postanejo temelji Cerkve. Vsi po vrsti so se zbali, ko se je na jezeru razbesnel vihar, dvomili so v Učiteljevo zmožnost nasititi ogromno množico, vneto so se prerekali, kdo bo v Kraljestvu največji. Začeli so izkušati tudi trpljenje, ki ga hoja za Njim

prinaša. Po govoru o kruhu življenja v kafarna-
umski shodnici ga niso zapustili kakor mnogi
drugi; spremljali so ga na dolgih popotovanjih
po izraelski deželi in sedaj vedo, ker je to čutiti
v ozračju, da mu nekateri želijo smrt.

Peter osupel opazuje, kaj se dogaja. Ne
more razumeti in se upre. »Gospod, ti mi noge
umivaš?« Jezus odgovori: »Tega, kar jaz delam,
ti zdaj še ne razumeš, a spoznal boš pozneje.«
Peter vztraja: »Ne boš mi umival nog, niko-
li ne!« (Jn 13,5-8). Radikalnost Simonovega
odgovora je presenetljiva. Njegov namen ni
zavračanje, pač pa ga ljubezen do Gospoda na-
giba k upiranju. In vendar mu Gospod poka-
že, da se moti. »Če te ne umijem, nimaš deleža
z menoj« (Jn 13,8).

Spoznal boš pozneje

Od svojega prvega srečanja z Učiteljem nap-
rej je sv. Peter hodil po poti notranje rasti, na ka-
teri je korak za korakom začenjal razumeti, kdo
je Jezus, Sin živega Boga. Toda bliža se Gospo-
dovo trpljenje in še vedno ima pred seboj dolgo
pot. V dvorani zadnje večerje se zgodi prizor v
dveh dejanjih – umivanje nog in postavitev ev-
haristije –, po katerih bo Peter pričel odkrivati,

do kakšne skrajnosti sega božja ljubezen in v kolikšni meri ga ta ljubezen osebno poziva. V tem trenutku je zapoved ljubiti bližnjega kakor samega sebe zanj še vedno le izrek, nekaj, kar v njegovo srce ni prodrlo tako globoko, kot želi Jezus. In zato se upre. Ne sprejme tega, da bi za njegovega Učitelja in zanj božja volja bila življenje ljubezni in ponižno služenje vsakemu človeku, kateremukoli človeku.

Ta Petrova izkušnja se utegne pogosto ponoviti v našem življenju. Tudi nam je težko razumeti; potrebujemo čas, da bi razumeli najosnovnejše resnice. V našem srcu se velike želje ljubezni prepletajo z manj plemenitimi nameni; marsikdaj nas strah ohromi in naša usta postanejo polna besed, ki jih ne spremljajo dejanja. Gospoda imamo radi, zavedamo se, da je nadnaravni poklic naš najdragocenejši biser: tako zelo dragocen, da smo prodali vse, da bi ga kupili. Toda v teku letu lahko spremenljive okoliščine, določene neprijetne situacije ali napor spričo vsakodnevnega garanja skalijo našo pot.

Poleg tega se lahko zgodi, da tudi posameznik sam ni dosegel tiste stopnje človeške in duhovne zrelosti, ki omogoča živeti poklicanost kot pot ljubezni. Naša dobrota do bližnjega je lahko obremenjena s katero izmed teh deformacij, ki našo osebno skrivnost omejujejo: sentimentalnost, zaradi katere človek bolj sledi svojemu trenutnemu dojemanju stvari kot pa globokemu odnosu z Bogom in z drugimi; voluntarizem, pri katerem pozablja, da je krščansko življenje predvsem v tem, da pustimo, da nas Bog ljubi in da ljubi po nas; perfekcionizem, ki teži k temu, da v človeških pomanjkljivostih vidi nekaj, kar je božjemu načrtu tuje.

Vendar pa, ravno zato ker Bog računa z našimi omejitvami, ni presenečen niti se ne naveliča gledati, kako včasih zakompliciramo ali popačimo svoj poklic. Kakor Petra nas je poklical kot grešnike in pri tem vztraja. »Če te ne umijem, nimaš deleža z menoj,« odgovori Jezus. Simon Peter se vda: »Gospod, potem pa ne samo nog, ampak tudi roke in glavo« (Jn 13,8-9). Jezus ve, da Petra žene ljubezen, in zato mu odgovori enako radikalno. Apostolovo srce se odzove z zanj značilno silovitostjo: »Ne samo nog, ampak tudi roke in glavo.« To so v veliki naglici izgovorjene besede. Se je Peter zavedal, kaj pomenijo? Kar se je zgodilo tisto noč, nam nekako namiguje, da se ni zavedal. Razumel bo pozneje, polagoma: s pomočjo Gospodovega trpljenja, ob veselju vstajenja in po delovanju Svetega Duha. Njegov dialog z Jezusom pa nas v vsakem primeru uči, da je pri hoji proti polnosti ljubezni prvi korak odkritje Jezusove ljubeznivosti in nežnosti do vsakega posebej; in pa zavedanje, da bomo s popravljanjem svojih šibkosti postajali vedno bolj podobni Njemu.

Stopnje svobode

Hoditi za Jezusom pomeni naučiti se ljubiti kakor On. To je pot navkreber, ki je težka, vendar je istočasno pot svobode. »Kolikor bolj smo svobodni, bolj lahko ljubimo. Ljubezen pa je zahtevna: 'Vse prenaša, vse veruje, vse upa, vse prestane' (1 Kor 13,7).«[1] Ko je bil sv. Jožefmarija še mlad duhovnik, je takole opisal to vzpenjajočo se pot zveste svobode: »Stopnje: Vdati se v božjo voljo. Sprejeti božjo voljo. Hoteti božjo voljo. Ljubiti božjo voljo.«[2]

Vdanost (resignacija) je najnižja stopnja svobode. Gre za držo, ki je izmed vseh štirih

---

[1] Fernando Ocáriz, Pismo, 9. 1. 2018, št. 5.
[2] Sv. Jožefmarija, *Pot*, št. 774.

najmanj velikodušna ter se lahko hitro izrodi v duhovno mlačnost. Lahko bi jo opisali kot prenašanje brez rasti: prenašanje zaradi prenašanja; ker je to pač to, kar mi je bilo namenjeno. Res je sicer, da srčnost, kardinalna krepost, človeka usmerja k temu, da potrpi, da vzdrži. In dejansko na ta način raste svoboda, ker človek razume in si želi dobrino, zaradi katere se trudi vzdržati. Vdanost (resignacija) pa ne prepozna nikakršne dobrine oziroma jo zaznava tako medlo, da to ne privede do veselja. Na trenutke ali celo v daljšem obdobju se nam lahko dogaja, da nam je to stanje težko premagati. Ko pa se nekdo resignaciji dokončno prepusti, ga polagoma zajame žalost.

Sprejemanje božje volje odraža neko višje stanje: človek vzame realnost za nekaj svojega. Tega sprejemanja ne smemo zamenjati s sprijaznjenostjo, značilno za povprečneža, ki nima nikakršnih sanj, načrtov in hrepenenj, za katere bi živel. Bolj gre tukaj za stvarno držo nekoga, ki ve, da je vsaka dobra želja Bogu prijetna. Kdor na ta način sprejema božjo voljo, se korak za korakom uči vstopati v božjo logiko ter se prepriča, da vse pripomore k dobremu za tiste, ki ljubijo Boga (prim. Rim 8,28). Sveti

Jožefmarija je takšno pripravljenost na božje načrte včasih opisoval s svetopisemsko prispodobo: »Gospod, pomagaj mi, da ti bom zvest in poslušen, […] kakor glina v lončarjevih rokah. – Tako ne bom živel več jaz, temveč boš v meni živel in deloval Ti, Ljubezen.«[3]

Od tod že lahko slutimo, kako je to sprejemanje božje volje poklicano, da poleti navzgor – v trenutku, ko začnemo božjo voljo hoteti: »V meni boš živel in deloval Ti, Ljubezen.« Okoliščine in osebe, ki si jih sami nismo izbrali, postanejo ljubljene same po sebi, ker so dobre: odločimo se, da *jih izberemo*. »Bog moj, izberem vse,«[4] je govorila sveta Terezija iz Lisieuxa. Skupaj s svetim Pavlom je spoznavala, da nas »ne smrt ne življenje, ne angeli ne poglavarstva, ne sedanjost ne prihodnost, ne moči, ne visokost, ne globokost ne kakršnakoli druga stvar ne bo mogla ločiti od božje ljubezni v Kristusu Jezusu, našem Gospodu« (Rim 8,38-39). Na ta način sredi nepopolnih stvari odkrijemo »nekaj svetega«, kar je skrito v vseh teh okoliščinah.[5] Božja podoba postane v drugih bolj vidna.

---

[3] Sv. Jožefmarija, *Kovačnica*, št. 875. Prim. Jer 18,6: »Kakor je glina v lončarjevi roki, tako ste vi v moji roki.«
[4] Sv. Terezija iz Lisieuxa, *Povest duše*, 1. pog.
[5] Prim. sv. Jožefmarija, *Pogovori*, št. 114.

Prepojeni s Kristusovo krvjo

V zadnjem koraku te osebne rasti stopi v ospredje ljubezen. Kot nas pouči sv. Janez, stopimo s tem v jedro krščanskega razodetja: »Mi smo spoznali ljubezen, ki jo ima Bog do nas, in verujemo vanjo« (1 Jn 4,16). Potem ko Jezus apostolom umije noge, jim pojasni, zakaj je to storil: »Zgled sem vam dal« (Jn 13,15). Sedaj so pripravljeni na to, da slišijo novo zapoved: »Kakor sem vas jaz ljubil, tako se tudi vi ljubite med seboj!« (Jn 13,34). Gre za to, da se naučimo ljubiti z najvišjo Ljubeznijo, da izročimo svoje življenje kakor On: »Zato me Oče ljubi, ker dam svoje življenje, da ga spet prejmem. Nihče mi ga ne jemlje, ampak ga dajem sam od sebe« (Jn 10,17-18). Značilno za krščansko ljubezen je, da se daje; da gre ven iz same sebe, da se z gorečnostjo izroča temu, kar je Bog Oče želel za vsakogar od nas. To pomeni ljubiti božjo voljo: vesela in ustvarjalna potrditev, ki od znotraj priganja, da gremo ven iz sebe; odločitev, ki je – paradoksalno – edina pot za to, da se srečamo s samim sabo: »Kdor namreč hoče rešiti svoje življenje, ga bo izgubil; kdor pa izgubi svoje življenje zaradi mene, ga bo našel« (Mt 16,25).

Vendar bistvo te ljubezni ni opredeljeno kot »način skrajnega moralnega naprezanja«, kot neka višja, »nova stopnja humanosti v človeštvu«.[6] Novost nove zapovedi »more priti samo iz daru občestva s Kristusom in bivanja v njem«.[7] Zato Gospod svojim apostolom poleg razodetja nove zapovedi istočasno izroči tudi zakrament ljubezni. Od tega trenutka je evharistija v samem središču krščanskega življenja: to ni nekaj teoretičnega, marveč potreba življenjskega pomena.[8]

»Kristusova roka nas je nabrala na žitnem polju: sejalec v svoji ranjeni roki stiska prgišče zrnja. Kristusova kri oblije seme, ga prepoji. Potem Gospod vrže to žito v zrak, da s smrtjo oživi in se zakopano v zemlji pomnoži v zlatem klasju.«[9] Sposobni smo se izročiti, ker smo prepojeni s Kristusovo krvjo, po kateri umiramo samemu sebi, da bi v svoji okolici obrodili obilen sad veselja in miru. Naša udeležba pri Jezusovi daritvi in naše češčenje njegove resnične navzočnosti v evharistiji nas neprekinjeno vodita k ljubezni do bližnjega. Zato velja, da

---

[6] Joseph Ratzinger – Benedikt XVI., *Jezus iz Nazareta. Od vhoda v Jeruzalem do vstajenja*, Družina, Ljubljana 2013, str. 74.
[7] Prav tam, str. 75.
[8] Prim. sv. Jožefmarija, *Jezus prihaja mimo*, št. 154.
[9] Prav tam, št. 3.

»kdor ni zvest božjemu načrtu, da se drugim da na razpolago in jim pomaga pri spoznanju Kristusa, bo težko razumel, kaj je evharistični kruh«. In obratno: »Če hočemo ceniti in ljubiti sveto evharistijo, je treba prehoditi Jezusovo pot, umreti samemu sebi, vstati, polni življenja, in obroditi obilen sad: stoteren!«[10]

Evharistična skladnost

»Jezus hodi med nami, kakor je to počel v Galileji. Hodi po naših ulicah, se ustavi in nam gleda v oči, brez naglice. Njegov klic je privlačen, je očarljiv, prevzame.«[11] Ko se človek odloči hoditi ob Njem, živeti v občestvu z Njim, se življenje razsvetli ter polagoma pridobi resnično »evharistično skladnost«.[12] Bližina in ljubezen, ki jo od njega prejemamo, nam omogočata, da se dajemo drugim, tako kot je On dal samega sebe. Na ta način človek korak za korakom odkriva in odstranjuje prepreke, ki zavirajo rast Kristusove ljubezni v srcu: težnjo k čim manjšemu naporu pri izpolnjevanju dolžnosti; strah pred pretiravanjem v ljubezni in služenju drugim; pomanjkanje

---

[10] Prav tam, št. 158.
[11] Frančišek, apost. spod. *Christus vivit* (25. 3. 2019), št. 277.
[12] Benedikt XVI, apost. spod. *Sacramentum caritatis* (22. 2. 2007), št. 83.

razumevanja do omejitev drugih ljudi; napuh, ki od drugih terja priznanje naših dobrih del ter zamegli čistost namena.

Sveti Jožefmarija je ganjen govoril o veselem življenju tistih, ki se izročijo Kristusu in zvesto sledijo njegovemu klicu. »To pot lahko prehodimo le v ljubezni. Ljubiti pomeni imeti veliko srce, občutiti skrbi svojih bližnjih, znati odpustiti in razumeti, s Kristusom se darovati za duše vseh.«[13] Vemo, da je to nekaj, kar presega naše zmožnosti. Zato je naša potreba, da Gospoda stalno prosimo, naj nam da srce po meri svojega srca. »Če ljubimo z Jezusovim srcem, se bomo naučili služenja in bomo branili resnico z odločnostjo in ljubeznijo. [...] Le če bomo v sebi obnovili Kristusovo življenje, ga bomo mogli sporočiti tudi drugim; le s smrtjo pšeničnega zrna bomo mogli delovati v zemlji, jo spremeniti v njeni notranjosti, jo oplojevati.«[14] To je pot zvestobe, ki je pot ljubezni in zato tudi pot sreče.

---

[13] Sv. Jožefmarija, *Jezus prihaja mimo*, št. 158.
[14] Prav tam.

12

Sadovi zvestobe

Knjiga psalmov se začne s hvalnico rodovitnosti človeka, ki si prizadeva za zvestobo Bogu in njegovi postavi ter se ne prepušča vplivom okolja, ki ga širijo hudobni: »Tak je kakor drevo, zasajeno ob vodnih strugah, ki daje svoj sad ob svojem času in njegovo listje ne ovene; vse, kar dela, uspeva« (Ps 1,3). Pravzaprav je to stalni nauk Svetega pisma: »Zvest mož bo obilno blagoslovljen« (Prg 28,20); »kdor seje pravičnost, [bo prejel] resnično plačilo« (Prg 11,18). Vsa božja dela so rodovitna, prav tako pa življenja tistih, ki se odzovejo na njegov klic. Gospod je apostole pri zadnji večerji spomnil: »Jaz sem vas izvolil in vas postavil, da greste in obrodite sad in da vaš sad ostane« (Jn 15,16). Vse, kar od nas zahteva, je, da ostanemo povezani z Njim kakor mladike s trto, kajti »kdor ostane v meni in jaz v njem, ta rodi obilo sadu« (Jn 15,5).

Prav tako so skozi stoletja božjo velikoduš-
nost doživljali svetniki. Sveta Terezija Avilska
je na primer zapisala: »Njegovo Veličanstvo
nima navade, da stanovanje slabo plačuje, če
mu dobro strežemo.«[1] Tistim, ki so mu zvesti,
je obljubil, da jih bo sprejel v svoje kraljestvo z
besedami, polnimi naklonjenosti: »Prav, dobri
in zvesti služabnik! V malem si bil zvest, čez
veliko te bom postavil. Vstopi v veselje svojega
gospodarja!« (Mt 25,21). Vendar Bog ne čaka
na nebesa, da bi nagradil svoje otroke, ampak
jih že v tem življenju uvaja v to božansko ve-
selje s številnimi blagoslovi, s sadovi svetosti in
kreposti, da bi iz vsakega človeka in njegovih
talentov napravil najboljše; pomaga nam, da
se ne ukvarjamo preveč s svojo krhkostjo in
vedno bolj zaupamo v božjo moč. Poleg tega
Gospod po svojih otrocih blagoslavlja tudi
ljudi okoli njih. Bog se tega veseli: »V tem je
poveličan moj Oče, da obrodite obilo sadu«
(Jn 15,8).

Na tem mestu si bomo ogledali nekatere
sadove, ki jih prinaša zvestoba, tako v našem
življenju kot v življenju drugih. Naj nas ti sa-
dovi in mnogi drugi, za katere ve samo Bog,

---

[1] Sv. Terezija Avilska, *Pot popolnosti*, 34. pog., 8, Karmel Sora, Ljubljana
- Sora 2000.

spodbujajo, da se nikoli ne nehamo zahvalje-
vati Bogu za njegovo skrb in bližino. Tako se
bomo te ljubezni tudi vsak dan bolj veselili.

Nebesa znotraj nas

Le nekaj tednov pred svojim odhodom v
nebesa je sveti Jožefmarija skupini svojih si-
nov in hčera dejal: »Naš Gospod je hotel v nas
položiti zelo dragocen zaklad […]. Bog, naš
Gospod, v vsej svoji veličini prebiva v nas. V
naših srcih so običajno navzoča nebesa.«[2] Gos-
pod je apostolom obljubil: »Če me kdo ljubi,
se bo držal moje besede in moj Oče ga bo lju-
bil. Prišla bova k njemu in prebivala pri njem«
(Jn 14,23). To je glavni dar, ki nam ga Bog
ponuja: njegovo prijateljstvo in njegova nav-
zočnost v nas.

Vsak dan lahko v molitvi z novimi očmi
premišljujemo o tej resnični božji navzočnosti
v nas in jo ohranjamo v spominu. Prevzeti od
čudenja in hvaležnosti bomo skušali kot dobri
otroci odgovoriti na neizmerno božjo naklo-
njenost do nas. Kajti Gospod »ne prihaja dan

---

[2] Prim. Salvador Bernal, *Mons. Josemaría Escrivá de Balaguer. Apuntes sobre
la vida del fundador del Opus Dei*, Rialp, Madrid 1980, str. 361.

za dnem iz nebes, da bi ostal v pozlačenem ciboriju, ampak da bi našel druga nebesa, ki so mu neskončno ljubša od prvih: nebesa naše duše, ki je ustvarjena po njegovi podobi in je živi tempelj preljube Trojice«.[3] Le ob tem božjem daru lahko začutimo, da smo neskončno poplačani in tudi prepričani, kako se Gospod veseli naše zvestobe.

Kadar nastopi telesna ali duševna utrujenost, ko se vrstijo udarci in težave, je čas, da se ponovno spomnimo: »Če Bog prebiva v naši duši, je vse ostalo, pa naj je videti še tako pomembno, nebistveno, prehodno; toda mi, v Bogu, smo tisto, kar ostane.«[4] Gotovost, da je Bog z menoj, v meni, in da sem jaz v njem (prim. Jn 6,56), je vir notranje gotovosti in upanja, ki ju človeško gledano ni mogoče razložiti. Na osnovi tega prepričanja postajamo vedno bolj preprosti – kakor otroci – in daje nam širok ter samozavesten pogled, sproščeno in veselo notranjost. Veselje in mir izhajata iz globin naše duše kot naraven sad zvestobe in izročitve. Ta sad je tako pomemben in ima takšno evangelizacijsko moč, da je sveti Jožefmarija vsak dan pri sveti maši prosil našega

---

[3] Sv. Terezija Deteta Jezusa, *Povest duše*, 5. pog.
[4] Sv. Jožefmarija, *Božji prijatelji*, št. 92.

Gospoda, naj ga nakloni njemu ter vsem njegovim hčeram in sinovom.[5]

V svoji notranjosti imamo nebesa, ki jih s seboj ponesemo kamorkoli: v svoj dom, na delovno mesto, na dopust, na srečanja s prijatelji … »V današnjem času, ko pogosto opažamo pomanjkanje miru v družbenem življenju, v službi, v družinskem življenju …, je vedno bolj potrebno, da smo kristjani, kot je rekel sveti Jožefmarija, *sejalci miru in veselja*.«[6] Iz izkušenj vemo, da ta mir in veselje nista naša. Zato si prizadevamo gojiti božjo navzočnost v svojih srcih, da bi nas napolnil On in bi delil svoje darove ljudem okoli nas. Učinkovitost tega preprostega sejanja pa je zanesljiva, četudi je njegov doseg nepredvidljiv: »Mir na svetu je morda bolj odvisen od naše osebne, običajne in vztrajne pripravljenosti za nasmeh, odpuščanje in neobremenjenost s samim sabo kot pa od velikih pogajanj med državami, pa naj bodo še tako pomembna.«[7]

---

[5] Prim. Javier Echevarría, *Memoria del Beato Josemaría Escrivá*, Madrid, Rialp 2000, str. 229.
[6] Fernando Ocáriz, Homilija, 12. 5. 2017.
[7] Prav tam.

Odločno in usmiljeno srce

Ko dovolimo, da se božja navzočnost v nas ukorenini in obrodi sadove – na neki način je to zvestoba –, postopoma pridobimo *notranjo trdnost*, na osnovi katere lahko postanemo potrpežljivi in krotki ob neuspehih, nepredvidenih dogodkih, nadležnih situacijah, ob lastnih in tujih omejitvah. Sveti Janez Marija Vianney je govoril, da so »naše napake peščena zrnca ob veliki gori božjega usmiljenja«.[8] To prepričanje nam omogoča, da se na iste ljudi in okoliščine vedno bolj odzivamo tako, kot se odziva Bog, z blagostjo in usmiljenjem, ne da bi nas skrbelo, če se ne odzovejo na naša trenutna pričakovanja in okuse. Skratka, odkrijemo, da so vsi dogodki na neki način »nosilci božje volje in jih moramo sprejeti s spoštovanjem in ljubeznijo, z veseljem in mirom«.[9] Na ta način nam postaja veliko lažje moliti, druge razumeti in jim odpuščati, tako kot jim odpušča Gospod, in kmalu znova osvojimo svoj mir, če smo ga izgubili.

Včasih lahko imamo vtis, da je nekako strahopetna ta naša drža, da v srcu gojimo krotkost

---

[8] G. Bagnard, *El Cura de Ars, apóstol de la misericordia*, Anuario de Historia de la Iglesia 19 (2010), str. 246.
[9] Sv. Jožefmarija, *Navodilo*, maj 1935/14. 9. 1950, št. 48.

in usmiljenje glede napak drugih, ki se nam zdijo obsojanja vredne, ali glede zlonamernosti nekaterih, ki nam hočejo škodovati. Vendar se spomnimo, kako Jezus pokara učence, ko ti predlagajo, naj pride z neba kazen na Samarijane, ki ga ne sprejmejo (prim. Lk 9,55). »Kristjanov program, to je program usmiljenega Samarijana, je Jezusov program, je *srce, ki vidi*. To srce vidi, kje je potrebna ljubezen in ravna v skladu s tem.«[10] Naše potrpežljivo usmiljenje, ki se ne razdraži in se ne pritožuje spričo nesreče, tako postane balzam, s katerim Bog zdravi tiste, ki so skesanega srca, jim obveže rane (prim. Ps 147,3) ter jim olajša njihovo pot spreobrnjenja.

Neslutena učinkovitost

Skrb za lastno podobo in izpostavljanje *osebnega profila* pred drugimi je danes postalo skoraj nepogrešljiv pogoj za prisotnost in *vpliv* na področju dela in družbenih omrežij. Toda če pozabimo, da živimo v Bogu, da je On »vedno z nami«,[11] se lahko to prizadevanje sprevrže v bolj ali manj izrazito obsedenost z

---

[10] Benedikt XVI., okr. *Deus Caritas est* (25. 12. 2005), št. 31.
[11] Sv. Jožefmarija, *Pot*, št. 267.

občutkom, da smo sprejeti, priznani, da nam ljudje *sledijo* in nas celo občudujejo. Tedaj človek začuti nenehno potrebo po preverjanju vrednosti in pomena vsega, kar počnemo ali govorimo.

To hrepenenje po priznanju, po tem, da bi svojo vrednost zaznali kot nekaj *otipljivega*, je v resnici, četudi na okoren način, odraz neke globoke resnice. Dejansko smo namreč vredni veliko; toliko, da je Bog želel dati svoje življenje za vsakega od nas. Vendar se dogaja, da marsikdaj, tudi v zelo prefinjeni obliki, začnemo *zahtevati* ljubezen in priznanje, ki pa ju lahko le *sprejmemo*. Morda je Gospod prav zato v govoru na gori želel poudariti: »Glejte, da svoje pravičnosti ne boste izkazovali pred ljudmi, da bi vas videli, sicer ne boste imeli plačila pri svojem Očetu, ki je v nebesih« (Mt 6,1). In še bolj izrecno: »naj ne ve tvoja levica, kaj dela tvoja desnica« (Mt 6,3).

Ta nevarnost, da bi ljubezen zahtevali, namesto da bi jo sprejeli, bo ponehala, če bomo ravnali v prepričanju, da Bog motri naše življenje z *detajlno* ljubeznivostjo, kajti ljubezen je v detajlih. »Če si želiš gledalcev tega, kar počneš, jih že imaš: to so angeli, nadangeli in celo sam

Bog vsega vesoljstva.«[12] Takrat človek v duši doživlja samospoštovanje kot nekdo, ki ve, da ni nikoli brez družbe, in zato ne potrebuje posebnih zunanjih spodbud, da bi zaupal v učinkovitost svoje molitve in življenja – ne glede na to, ali zanj vedo mnogi ali pa ostane za veliko večino neopažen. Dovolj je, da imamo v mislih božji pogled in čutimo, da so vsakemu od nas namenjene Jezusove besede: »in tvoj Oče, ki vidi na skrivnem, ti bo povrnil« (Mt 6,4).

V tem pogledu se lahko veliko naučimo iz Jezusovih skritih let v Nazaretu. Tam je preživel večino svojega zemeljskega življenja. Božji Sin je pod budnim očesom nebeškega Očeta, Device Marije in svetega Jožefa že takrat v tišini in z neskončno učinkovitostjo uresničeval odrešenje človeštva. Malokdo je to videl, toda tam, v skromni delavnici v majhni galilejski vasici, je Bog za vedno spremenil zgodovino človeštva. Tudi mi lahko dosežemo to rodovitnost Jezusovega življenja, če se On odseva v nas, če mu s takšno preprostostjo dovolimo, da ljubi v našem življenju.

Iz skritih globin vsakega tabernaklja, iz globin naših src Bog še naprej deluje in spreminja

---

[12] Sv. Janez Zlatousti, *Homilías sobre san Mateo*, 19.2 (PG 57, 275).

svet. Zato naše življenje izročitve v združenosti z Bogom in z drugimi pridobi po občestvu svetnikov učinkovitost, ki si je ne moremo niti predstavljati niti je izmeriti. »Ne veš, ali napreduješ in v kolikšni meri … – Čemu bi ti koristil ta podatek? … – Pomembno je, da vztrajaš, da tvoje srce gori v ognju, da vidiš več svetlobe na obzorju …; da si prizadevaš za naše namene, da jih zaslutiš – čeprav jih ne poznaš – in da zanje moliš.«[13]

Bog je isti kot vedno

Sveti Pavel je kristjane spodbujal, naj bodo zvesti, naj brez skrbi gredo proti toku in naj opravljajo svoje delo z očmi, uprtimi v Gospoda: »Zato, moji ljubi bratje, bodite stanovitni, neomahljivi, nadvse uspešni v Gospodovem delu, ker veste, da vaš trud v Gospodu ni prazen« (1 Kor 15,58). Sveti Jožefmarija je na različne načine ponavljal prav ta apostolov poziv: »Če ste zvesti, se lahko imenujete zmagovalci. V svojem življenju ne boste poznali poraza. Ni neuspehov, če človek deluje s pravilnim namenom in hoče izpolniti božjo voljo. Z uspehi ali

---

[13] Sv. Jožefmarija, *Kovačnica*, št. 605.

brez njih bomo slavili zmago, ker svoje delo opravljamo iz ljubezni.«[14]

Na katerikoli poti duhovnega poklica se lahko zgodi, da po določenem času predanosti nastopi skušnjava malodušja. Morda se nam zazdi, da dotlej nismo bili najbolj velikodušni ali da naša zvestoba ne obrodi veliko sadov in da imamo malo apostolskih uspehov. V takšnih primerih se je dobro spomniti na to, kar nam je zagotovil Bog: »Moji izvoljenci se ne bodo trudili zaman« (prim. Iz 65,22-23). Sveti Jožefmarija je to resnico izrazil takole: »Biti svet pomeni biti učinkovit, četudi se svetnik ne dotakne niti ne vidi te učinkovitosti.«[15] Bog včasih dopusti, da njemu zvesti ljudje pri svojem delu trpijo preizkušnje in težave, da bi njihove duše postale lepše in njihova srca nežnejša. Kadar nas kljub naši prizadevnosti, da bi ugajali Bogu, obhaja malodušje ali utrujenost, ne nehajmo delati *s čutom za skrivnost*: ne pozabimo, da naša učinkovitost »pogosto ni vidna, ni otipljiva in je ni mogoče meriti. Človek ve, da bo njegovo življenje obrodilo sad, a mu ni treba vedeti, kako, kje in kdaj. […] Nadaljujmo, dajmo mu vse, a dopustimo, da

---

[14] Sv. Jožefmarija, *A solas con Dios*, št. 314 (AGP, *Biblioteca*, P10).
[15] Sv. Jožefmarija, *Kovačnica*, št. 920.

on napravi rodovitno naše prizadevanje, kakor mu je všeč.«[16]

Gospod od nas pričakuje, da delamo s predanostjo in zaupanjem v njegovo moč in ne v našo, v njegov pogled na stvarnost in ne v naše omejeno dojemanje. »Ko se boš zares predal Gospodu, se boš naučil biti zadovoljen s tem, kar pride, in ne boš izgubljal vedrosti, če se stvari – čeprav si jim posvetil ves svoj trud in uporabil primerna sredstva – ne iztečejo po tvojem okusu ... Kajti *iztekle* se bodo tako, kot Bogu ustreza, da se iztečejo.«[17] Zavedanje, da Bog zmore vse ter da vidi in kakor v zakladu zbira vse, kar dobrega storimo, pa naj se zdi še tako majhno in skrito, nam bo pomagalo »biti trdni in optimistični v težkih trenutkih, ki se lahko pojavijo v zgodovini sveta ali v našem osebnem življenju. Bog je vedno isti: vsemogočen, nadvse moder, usmiljen; in v vsakem trenutku zna iz zla napraviti dobro ter iz porazov velike zmage za tiste, ki zaupajo vanj.«[18]

Z roko v roki z Bogom živimo sredi sveta kot njegovi otroci in postajamo sejalci miru in veselja za vse ljudi okoli nas. To je tisto

---

[16] Frančišek, apost. spod. *Evangelii gaudium* (24. 11. 2013), št. 279.
[17] Sv. Jožefmarija, *Brazda*, št. 860.
[18] Javier Echevarría, *Pastirsko pismo*, 4. 11. 2015.

potrpežljivo delo rokodelca, ki ga Bog opravlja v naših srcih. Pustimo mu, naj razsvetljuje vse naše misli in navdihuje vsa naša dejanja. Tako je ravnala naša Mati, Devica Marija, ki je bila srečna ob pogledu na velike stvari, ki jih je Gospod delal v njenem življenju. Naj tudi mi znamo vsak dan tako kot ona reči: *Fiat*, zgôdi se mi po tvoji besedi (Lk 1,38).

Borja de León (ur.)
NEKAJ VELIKEGA IN NAJ BO TO LJUBEZEN
Krščanski poklic: srečanje, odgovor, zvestoba

Naslov izvirnika
Algo grande y que sea amor
La vocación cristiana: encuentro, respuesta, fidelidad

Avtorji posameznih poglavij
1. Jezus nam prihaja naproti – Borja Armada
2. Kar bi lahko bilo tvoje življenje – Nicolás Álvarez de las Asturias
3. Naše resnično ime – Lucas Buch
4. Kako odkriti svoj poklic? – José Brage
5. Da bi glasba zazvenela – Eduardo Camino, Carlos Ayxelà
6. Kdor da življenje za svoje prijatelje – Carlos Villar
7. Odgovor na ljubezen – Carlos Ayxelà
8. Še boljši očetje in matere – Diego Zalbidea
9. Bo moja odločitev prava? – Pablo Marti
10. Smo apostoli! – José Manuel Antuña
11. S Kristusom na poti do polnosti ljubezni – Paul Muller
12. Sadovi zvestobe – Pablo M. Edo

Prevod
Aleš Štampfl

Slika na naslovnici: istockphoto.com

Tiskano v Nemčiji
© 2023 Fundación Studium

Herstellung und Verlag: BoD – Books on Demand, Norderstedt

Vsebina te knjige je dostopna tudi na spletni strani
opusdei.org
v razdelku Krščansko življenje.

ISBN 9783756843336